广东省级一流本科专业建设点，珠海科技学院商学
教育部产学合作协同育人项目：基于产教融合的跨
项目编号：240903221093636。
珠海科技学院专业负责人培养项目。

电子商务理论探索研究

主 编 李哲非 宋 洋 修广利

吉林出版集团股份有限公司
全国百佳图书出版单位

图书在版编目（CIP）数据

电子商务理论探索研究 / 李哲非 , 宋洋 , 修广利主编 . -- 长春 : 吉林出版集团股份有限公司 , 2024. 12.
ISBN 978-7-5731-6110-9

Ⅰ . F713.36

中国国家版本馆 CIP 数据核字第 2024575LA9 号

电子商务理论探索研究
DIANZI SHANGWU LILUN TANSUO YANJIU

主　　编	李哲非　宋　洋　修广利
责任编辑	李　娇
封面设计	张　肖
开　　本	710mm×1000mm　　　1/16
字　　数	200 千
印　　张	11.75
版　　次	2025 年 3 月第 1 版
印　　次	2025 年 3 月第 1 次印刷
印　　刷	天津和萱印刷有限公司

出　　版	吉林出版集团股份有限公司
发　　行	吉林出版集团股份有限公司
地　　址	吉林省长春市福祉大路 5788 号
邮　　编	130000
电　　话	0431-81629968
邮　　箱	11915286@qq.com
书　　号	ISBN 978-7-5731-6110-9
定　　价	72.00 元

版权所有　翻印必究

前　言

随着信息基础设施的迅速普及，以及智能手机等移动设备的广泛应用，我国互联网应用水平有了显著提升，由此带动了数字经济的蓬勃发展，促使我国经济迈入了数字化时代的快车道。我国电子商务市场规模和增长速度一直处于世界领先水平。作为数字经济中最繁荣、发展势头最强劲的商业运营模式，电子商务已经成为居民消费和经济增长的重要推动力量。电子商务因便利、安全和快捷，越来越受人们的青睐，为现代经济带来了新的发展方向。

电子商务对当今社会产生了巨大影响。电子商务的迅猛发展在一定程度上促进了互联网技术的发展，特别是推动了云计算、数字加密、人工智能、生物识别等领域的创新发展。电子商务已经改变了人们日常生活的购物习惯，使人们可以在更广泛的选择中自由选购，并使消费变得更加便捷。总之，电子商务给经济领域带来了巨大的变革，对传统商贸模式产生了深远影响，促进了企业生产和销售方式的革新，加快了物流领域的进步，为提升生产力给予了有力支持，有助于推动全球经济一体化发展。

随着电子商务的快速发展，人们越来越关注相关理论的研究。阿里研究院、腾讯研究院等电商公司旗下的研究机构，发布了一系列关于电子商务"助力"经济发展的研究报告，积极评价了电子商务对区域经济增长的重要意义和贡献。

本书共包含五章内容：第一章为电子商务概述，介绍了电子商务基础知识、电子商务的组成框架、电子商务的分类以及电子商务带来的影响；第二章为电子商务模式，主要内容包括电子商务模式概述、B2B电子商务模式、B2C电子商务模式、C2C电子商务模式、O2O电子商务模式和其他电子商务模式；第三章为电子商务技术，从三个方面展开论述，分别是计算机网络技术、电子数据交换技术以及数据库技术；第四章为电子商务安全，主要内容包括电子商务安全概述、电子商务的安全需求、电子商务安全技术以及电子商务安全协议；第五章为电子商务运作，论述了电子支付、网络营销、电子商务网站建设以及电子商务物流的相关内容。

在撰写本书的过程中，编者参考了大量的学术文献，得到了许多专家、学者的帮助，在此表示真诚感谢。由于编者水平有限，书中难免有疏漏之处，希望广大读者与同仁指正。

编者

2024 年 3 月

目 录

第一章 电子商务概述 1
 第一节 电子商务基础知识 3
 第二节 电子商务的组成框架 11
 第三节 电子商务的分类 16
 第四节 电子商务带来的影响 19

第二章 电子商务模式 25
 第一节 电子商务模式概述 27
 第二节 B2B 电子商务模式 30
 第三节 B2C 电子商务模式 37
 第四节 C2C 电子商务模式 45
 第五节 O2O 电子商务模式 54
 第六节 其他电子商务模式 57

第三章 电子商务技术 65
 第一节 计算机网络技术 67
 第二节 电子数据交换技术 76
 第三节 数据库技术 85

第四章 电子商务安全 … 93
第一节 电子商务安全概述 … 95
第二节 电子商务的安全需求 … 100
第三节 电子商务安全技术 … 103
第四节 电子商务安全协议 … 124

第五章 电子商务运作 … 133
第一节 电子支付 … 135
第二节 网络营销 … 150
第三节 电子商务网站建设 … 158
第四节 电子商务物流 … 170

参考文献 … 181

第一章　电子商务概述

随着信息技术的飞速发展和新技术革命的到来，电子商务在全球范围内蓬勃发展，极大地丰富了市场和消费者的选择，推动商业格局和产业生态发生改变。本章主要内容为电子商务概述，分别介绍了电子商务基础知识、电子商务的组成框架、电子商务的分类以及电子商务带来的影响。

【知识点框架图】

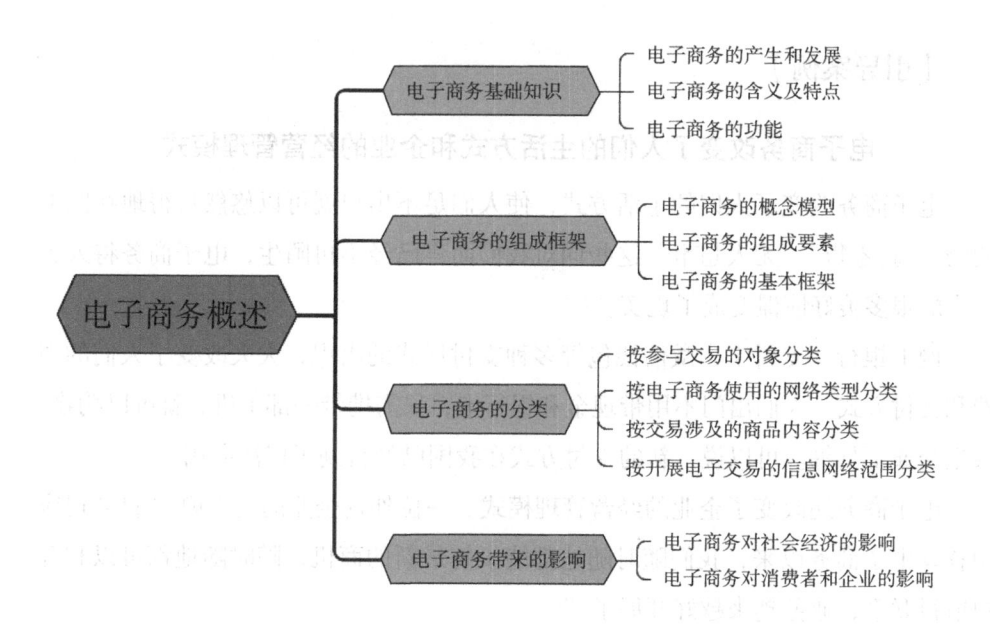

电子商务概述
- 电子商务基础知识
  - 电子商务的产生和发展
  - 电子商务的含义及特点
  - 电子商务的功能
- 电子商务的组成框架
  - 电子商务的概念模型
  - 电子商务的组成要素
  - 电子商务的基本框架
- 电子商务的分类
  - 按参与交易的对象分类
  - 按电子商务使用的网络类型分类
  - 按交易涉及的商品内容分类
  - 按开展电子交易的信息网络范围分类
- 电子商务带来的影响
  - 电子商务对社会经济的影响
  - 电子商务对消费者和企业的影响

【学习目标】

一、知识目标

（1）电子商务的含义和特点。
（2）电子商务的组成框架。
（3）电子商务的分类。
（4）电子商务带来的影响。

二、技能目标

（1）理解电子商务内涵。
（2）辨别电子商务类型。
（3）学会分析电子商务行业发展前景。
（4）能正确理解电子商务带来的影响。

【引导案例】

电子商务改变了人们的生活方式和企业的经营管理模式

电子商务改变了人们的生活方式，使人们足不出户就可以悠然自得地在网上购物。"新零售""无人超市"这些词对我们而言已经不再陌生，电子商务将人类过去的很多美好憧憬变成了现实。

网上银行、支付宝、微信钱包等多种支付形式的出现，大大改变了人们的消费和支付方式。人们出门不用带现金和银行卡，只需携带一部手机，就可以购物、乘坐交通工具等。可以说，新的支付方式在我国已经得到了广泛应用。

电子商务还改变了企业的经营管理模式。一位外资企业的员工说："自公司应用移动电子商务以来，我们随时随地都能了解最新的商机，随时随地都可以和客户取得联系，业务越来越好开展了。"

那么，究竟什么是电子商务呢？电子商务的基本框架是什么？电子商务究竟能给企业和社会经济带来哪些方面的利益呢？

第一节 电子商务基础知识

一、电子商务的产生和发展

（一）电子商务的产生

电子商务起源于20世纪60年代，在20世纪90年代得到迅猛发展。电子商务的出现和发展离不开以下四个方面的原因：

1. 计算机的广泛应用

近些年来，计算机的性能不断提升，同时价格逐渐下降，使其应用范围越来越广，电子商务也因此得以迅速发展。

2. 互联网的发展与成熟

随着互联网日益成为世界上最重要的通信和贸易媒介，世界范围内的网民数量也在以惊人的速度增长，快速、安全和低费用的特性为电子商务的发展创造了良好的条件。

3. 信用卡的广泛使用

信用卡因其方便、快捷和安全等特性在人们的消费支付中扮演着重要的角色。成熟的全球性信用卡网络支付与结算系统，为电子商务在线支付提供了有力的支持。

4. 政府的支持

1997年，欧盟公布了《欧洲电子商务协议》，随后美国公布了《全球电子商务纲要》，电子商务由此引起各国政府的广泛关注。与此同时，许多国家的政府也开始尝试"网上采购"，这为电子商务的发展提供了有力的支持。

综上所述，互联网技术已经成了电子商务得以运行的基石。没有经济全球化的推动，电子商务所依赖的市场经济体系也将难以形成和完善；没有EDI（Electronic Data Interchange，电子数据交换）在经济生活中的成功运用，就不会有电子商务的未来发展；没有先进技术以及人类思维方式的转变，就不会出现电子商务这种新的商业模式。

（二）电子商务的发展阶段

美国是互联网的起源地，其电子商务发达程度居全球前列。自 1992 年美国政府解除了对互联网商业应用的限制后，电子商务的普及和互联网的发展相辅相成、相互推动，进入了良性循环。

电子商务的普及与深入发展，是一个逐步由基础平台搭建到高级功能应用、从简单操作流程到复杂管理体系的过程。它对社会经济的渗透和影响是循序渐进的，从微小的网络互动逐渐扩展到了全方位的经济活动中。最初，企业可能只是通过在线平台交换需求信息，发布简短的产品广告，或者仅在线上进行初步的采购行为。但随着技术的进步和市场需求的增长，企业开始接受网上订单，并进行支付结算，使电子商务的影响力扩展到了整个供应链的管理上，对各个环节都产生了深远的影响。

电子商务在特定行业领域也是循序渐进、从少到多发展的，如电子商务中的电子订货单、电子发票、电子合同、电子签名等，电子金融的网上银行、电子现金等，网上股票买卖的电子委托、电子收据等。互联网的发展给我们的社会生活带来了巨大的变化，我们的生活已经越来越离不开网络和电子商务了。

以下是电子商务的发展历程：

第一阶段：电子邮件阶段。自 20 世纪 70 年代以来，通信流量呈几何级数增长。

第二阶段：信息发布阶段。从 1995 年开始，以网络为基础的信息发布系统迅速发展，并在当前互联网中占据主导地位。中小型企业需要顺应电子商务从"广泛型"向"精细型"转变的时代趋势。

第三阶段：EC（Electronic Commerce），即电子商务阶段。之所以将 EC 视为标志性的进步，是因为电子商务是互联网在商业上的应用，商业信息在未来几年将主要依靠互联网进行传播。互联网已成为传播商务资讯的主要途径。1997 年，在温哥华举行的第五次亚太经合组织领导人非正式会议（Asia-Pacific Economic Cooperation，APEC）上，美国总统克林顿（Clinton）号召世界各地加大对电子商务的支持力度，引起了世界各国领袖的关注。

第四阶段：全程电子商务阶段。自 1999 年至 2010 年，伴随着 SaaS（Software

as a Service，软件运营服务）的出现，网络软件拓展了电子商务的应用领域，形成了较为盛行的"全程电子商务"模式。在此期间，当当、卓越、阿里巴巴等在互联网上诞生并迅速成长，在短短几年内，就和游戏公司、SP（Service Provider，服务提供商）公司联手，在通信领域掀起了轩然大波。此后，随着电子商务的迅猛发展，无数个传统企业及资本纷纷涌入电子商务这一新兴领域中，让电子商务这片天地更加绚丽多彩。

第五阶段：智能电子商务阶段。2011年，随着网络信息的碎片化发展以及云计算的不断成熟，互联网营销变得非常活跃，个体商业（Individual Commerce）借势兴起。这种新型电子商务不再只是简单地将传统销售模式用到互联网上，而是主动与用户展开更深入的交流。

目前，电子商务出现了许多新的发展趋势，如移动商务、团购，以及B2B（企业对企业）、O2O（线上对线下）模式等。

（三）我国电子商务的发展现状

以大数据、人工智能等为主要特征的新一代信息技术与互联网科技迅猛发展，支撑数字经济、电子商务的创新发展，不断催生电子商务的新模态。电子商务与实体店今后会进一步融合发展，流通方式创新和消费升级将为其融合发展提供新机会。

我国电子商务在2023年和2024年继续保持强劲的发展势头，在多个方面展现出积极变化和趋势。

从市场规模来看，2023年我国网上零售额达到了15.42万亿元，同比增长11%，连续11年成为全球最大的网络零售市场。此外，电子商务交易总额也达到了46.83万亿元，比上年增长9.4%。

在消费方面，电子商务在促进消费恢复和扩大方面发挥了重要作用。例如，2023年在线旅游、在线文娱和在线餐饮销售额对网上零售增长的贡献率达到23.5%。此外，跨境电商进出口额在2023年达到2.38万亿元，同比增长15.6%，显示出跨境电商的强劲增长势头。

技术与创新方面，电子商务领域不断进行数字化转型和商业模式创新。例如，直播电商市场规模持续扩大，已成为网络购物的重要渠道。同时，大数据和人工智能等技术的应用使电子商务提供商能够更好地定制产品和服务。

国际合作也是我国电子商务发展的一个重要方面。2023年，我国与东盟等国家和地区开展了深入的电商合作，拓展了国际合作的新空间。跨境电商的高质量发展也得到了政策支持，如海南省出台的措施推进跨境电子商务高质量发展。

总体来看，中国电商市场充满机遇，电商平台正在探索新的发展路径，如满足生活品质提升需求的品类发展，以及通过多元化策略拓展新增发展空间。此外，电子商务在促进数实融合、深化国际合作等方面也取得了积极成效。

二、电子商务的含义及特点

（一）电子商务的含义

电子商务是运用微型计算机和互联网通信开展的商业模式。政府、学者、企业等依据自己的身份以及在电子商务交易中的作用，对电子商务的含义提出了多种界定。

尽管各个国家或者各个行业对电子商务的界定不尽相同，但其核心仍是依靠电子产品与互联网技术开展的业务模式。随着电子商务的迅猛发展，其已经不再局限于购买商品，还包含了物流与配送等附属服务，以及电子货币交易、供应链管理、电子贸易市场、网络行销等。

电子商务分为狭义的电子商务和广义的电子商务。

狭义地说，电子商务是指利用互联网等电子工具在全球范围内进行的商业贸易活动，是基于电脑网络而开展的，包含产品与服务提供者、广告客户、消费者等利益相关方的各类商业活动的总和。通常来说，人们所熟知的电子商务是指狭义的电子商务。

广义地说，"电子商务"一词起源于"Electronic Business"，即利用电子技术开展的商业交易活动。借助互联网与其他电子工具，实现公司内部和合作伙伴之间的信息共享，推动企业间业务流程的数字化发展。同时结合公司内部的数字生产管理系统，提升生产、库存、流通和资金等方面的效率。

除此之外，还有一些比较有代表性的定义。

1. 各种国际组织的定义

经济合作与发展组织（Organiszation for Economic Co-operation and Development，OECD）对电子商务的定义是："电子商务是发生在开放网络上的包含企业之间、企业和消费者之间的商业交易。"电子商务通信传送标准遵从 Web 网络信息交换标准，并在此基础上提升了网络的安全性和保密性。

1997年11月，国际商会在法国巴黎召开了全球电子商务会议。来自世界各地的商业、信息技术、法律等方面的专业人士以及政府部门的代表，对电子商务的相关概念进行了探讨，并指出，"电子商务"就是将所有商业行为电子化。就覆盖的内容而言，可以界定为：买卖双方采用的是电子商务模式，而非面对面交流的交易模式。从技术上讲，电子商务主要涉及数据获取和自动化获取等。电子商务还涉及信息交流、售前售后服务、销售、电子支付、建立虚拟企业以及企业与贸易伙伴共用业务模式等。

世界贸易组织（World Trade Organization，简称 WTO 或"世贸组织"）将电子商务界定为：电子商务是通过网络开展生产、营销、销售和流通等活动的，其不仅基于网络进行交易，还运用电子信息技术来解决问题、减少成本、提高产值，同时包含通过网络查找原材料、购买商品、订购商品等。

在全球信息基础设施委员会（Global Information Infrastructure Committee，GIIC）电子商务工作委员会报告草案中，电子商务被界定为：使用电子通信促使人们对商品和服务进行购买和结算的一种经济行为。它不受地域、资金量和销售渠道的约束，可以让各种类型的企业、政府组织和个体参与进来。电子商务使商品能够跨越国界进行贸易，并且让顾客有更多的消费选择。

2. IT 行业对电子商务的理解

IT 行业是电子商务的设计者和设备的制造者。在 IT（Internet Technology，信息技术）行业内部，许多公司基于其技术特点给电子商务下了定义。

国际商业机器公司（IBM）给出了一个新的电子商务界定公式，即电子商务=Web+IT。其重点在于将买卖双方、厂商及其合作伙伴结合起来。它并不局限于软硬件的组合，也不局限于商务贸易中狭义的电子商务，而是将买卖双方、企业与合作伙伴之间的互联网、内部网和外部网有机地融合在一起，突出三者之间的分层关系。对此，企业首先需要完善内部网络建设，规范各个方面的标准，然后把网络延伸到外部网络，最后延伸到电子商务。

美国惠普公司指出，电子商务是指实现全方位电子化和自动化的业务流程，涵盖了售前和售后等各个步骤。电子商务是通过电子化技术实现的一种全新商业模式，通过电子交易实现商品和服务的交换，是商家和客户之间的联系纽带。它涵盖了两种主要类型：B2B 电子商务和 B2C 电子商务。

美国通用电气公司（GE）指出，电子商务是指以电子形式开展的贸易活动，它可以划分为两类：一类是商家对商家，另一类是商家对顾客。商家间的电子商务以电子数据交换为中心，以增值网及互联网作为其关键工具，并最终达到商家间业务流程电子化的目的。商家与顾客间的电子商务以互联网为服务主体，达到消费、服务、支付等电子化发展的目的。

3. 经济合作与发展组织对电子商务概念的理解

经济合作与发展组织曾经对电子商务进行了详细的研究，认为电子商务的概念在狭义上是指使用电脑互联网进行的货物买卖，而在广义的定义上，其把电子商务的内涵扩展到了"服务"。有关部门为了采集信息，往往把电子商务限定在一个特定的行业，如网络贸易。而政府主管部门则将其对电子商务的界定范围扩展到了经济的各个领域，其中将"电子政务"纳入电子商务范畴就是典型的例子。

电子商务的定义应能准确体现当今经济活动的演变，突显信息技术在商业运作中的重要性，以便与过去长期使用传真或电话进行的电子交易区分开来。电子商务不仅是指使用信息软件和通信技术进行商业活动，还包括信息软件和通信技术在整个商业价值链中的运用。

（二）电子商务的特点

与传统商业形式相比，电子商务不仅实现了商业过程的无纸化，还打破了交易的时空限制，降低了企业的运营成本，提高了企业的运营效率，增加了企业的经营收入。与传统商业形式相比，电子商务具有以下特点：

1. 全球化

因为电子商务是建立在互联网上的，而网络又不受时空限制，人们可随时随地通过网络与合作方进行交流。所以，电子商务突破了地理界限，使企业可以将产品、服务通过互联网送到任何一个拥有互联网的地方。在国际互联网环境下，电子商务的兴起塑造了一个真正意义上的全球市场。

2. 低费用

一方面，由于电子商务利用互联网进行信息交流，因此不需要实体店面，能节省店面租金、水电和人力等费用，可以减少多次商业谈判的差旅费用；另一方面，还可以减少由于库存积压、商品来回运输所带来的损耗。

3. 高效率

电子商务是电子化和数字化的商业过程，也打破了时空的限制，人们可以通过互联网随时访问企业门户网站，查询企业信息，并在网络上进行商品询价，这对于国际贸易来说，大大减少了因时差而造成的不便。

4. 交互性

在电子商务环境下，企业之间可以通过互联网进行交流、谈判、签订合同，消费者也可以通过论坛、邮件、即时聊天工具等向企业或者商户提供自己的意见，有助于企业或者商户按照顾客的建议，适时地对商品和服务做出相应的调整，进而实现良好互动。

5. 综合性

电子商务可以优化工作流程，将人工操作和电子信息处理融为一体，这样可以提高资源利用效率，增强系统运行的安全性。

6. 安全性

在电子商务领域，确保安全性是至关重要的，其需要实施全方位的安全措施，如加密、数字签名、安全管理、权限控制等。这与传统商业有着显著的区别。

三、电子商务的功能

电子商务能够提供交易、管理等多种服务，因此它具有很多功能，如广告宣传、咨询洽谈、网上订购、网上支付等。

（一）广告宣传

商家可以在互联网上进行宣传，顾客可以利用在线搜索工具快速找到他们需要的商品信息，同时商家可以通过他们的网站首页和电子邮件在全球范围内进行广告推广。电子商务的广告形式丰富多彩，已经远远超过了传统的广告。互联网的互动性和直接性使电子商务的广告形式有着显著的优越性。

（二）咨询洽谈

电子商务可以利用电子邮件、新闻组和聊天室等来获取市场和商品信息，进行咨询洽谈，也可以通过网上会议来实时沟通交流。线上咨询和交流突破了面对面交流的局限，为人们提供了多样、方便的交流途径。

（三）网上订购

商家通常会在商品简介页提供方便下单的小贴士。顾客提交订单后，商家就会收到系统发送的确认信息，以确保订购信息已被收到。也可以采取加密的方法确保客户与商家的商业数据不被泄露。

（四）网上支付

网上支付是电子商务完整流程中不可或缺的一环。客户可以在网上完成订单的支付。不过，在支付过程中，为了避免出现欺诈、窃听、盗用等违法行为，必须保证数据传输的安全性。

（五）电子账户

网上付款离不开数码融资，也就是由银行、保险公司提供的网上理财服务。其中，电子账户以信用卡号和银行账号为基本特征，并对其进行系统管理。此外，可利用数字证书、数字签名、加密等技术措施来确保电子账户的可信度，这些措施有助于增强电子账户操作的安全可靠性。

（六）服务传递

对于那些已经完成付款的客户，要确保他们所订购的商品能够迅速而准确地送达。本地和异地的货物传递，以及信息产品的直接网上传递，可以通过物流系统有效地在网络上调配。而对于在网上直接传递的信息产品，如软件应用、电子书籍以及各种在线信息服务，则可以直接借助互联网平台发送给客户，无须经历烦琐的物流流程。这样不仅大大缩短了顾客等待的时间，也提升了用户体验，使其可以更加便捷地获取所需信息和服务。

（七）意见征询

通过选取网站和填写表格等方式，电子商务系统可以搜集到顾客对营销服务的评价意见，从而能够在企业的营销运作中构成服务闭环。企业根据顾客的回馈意见，不但可以完善售后服务环节，还可以更好地改进商品，激发市场潜力。

（八）交易管理

交易管理涉及人员、资金和材料等领域，也涉及企业与企业、企业与顾客以及企业内部之间的合作。所以，交易管理就是对企业的经营行为进行全面管理。在电子商务的发展过程中，需要建立一个具有良好业务处理能力的网络平台以及能够支持多种业务的系统。

第二节　电子商务的组成框架

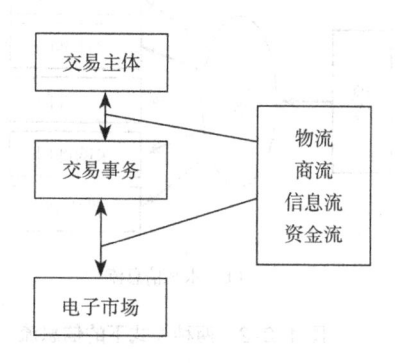

一、电子商务的概念模型

电子商务的概念模型是对现实世界中电子商务活动的一般抽象描述，它由交易主体（也称"实体"）、电子市场、交易事务、物流、商流、信息流、资金流等构成（图1-2-1）。

图1-2-1　电子商务的概念模型

图1-2-1电子商务的概念模型中"交易主体"包括消费者、商家、电商平台、支付平台以及物流企业等；"交易事务"是指在网络环境下，企业所从事的各类商

业行为;"电子市场",就是各类交易主体利用各类通信设施及网络进行交易的场所。

下面从电子商务交易活动中经常涉及的物流、信息流和资金流来具体介绍:

(一)物流

物流是指在货物交换行为的推动下生成的一种实物流通,包括很多能够带来效益的经济活动,如包装、运输等。

广义的物流既包括流通领域,又包括生产领域,是指物质资料在生产环节之间和产品从生产场所到消费场所之间的物理移动;狭义的物流只包括流通领域,指作为商品的物资在生产者与消费者之间发生的空间位移。

(二)信息流

在企业中,信息流可以分为两类:一是纵向信息流,在企业内部进行;二是水平信息流,即在企业与供应商、客户以及政府管理机构之间进行信息共享。如图 1-2-2 所示,为两种模式下的信息流。

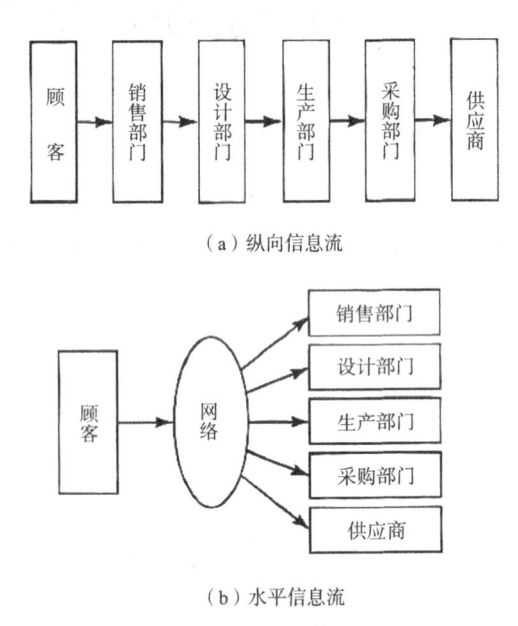

(a)纵向信息流

(b)水平信息流

图 1-2-2 两种模式下的信息流

（三）资金流

资金流是指资金从消费者账户到商家账户的过程，其中涉及支付、转账、结算等操作，通常需要通过银行等金融部门来进行中转。在电子商务活动中，资金流可以通过金融网提供的服务来实现，主要包括电子现金、电子支票和信用卡等支付方式。

二、电子商务的基本框架

"电子商务服务链涵盖多种业务功能，也涉及多个业务的主体。"[①] 从宏观的角度来看，电子商务框架结构系统由五个层次和两个支柱构成，如图1-2-3所示。

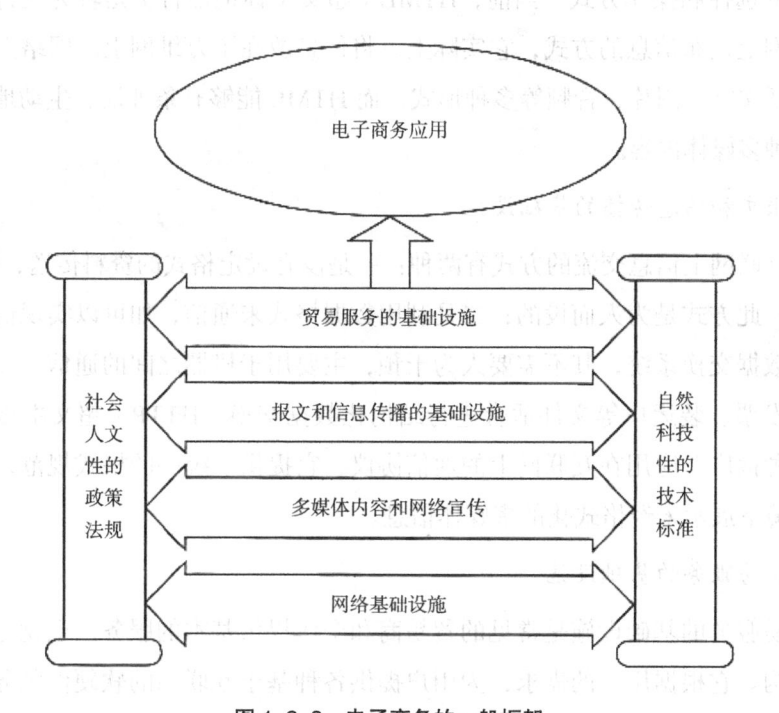

图1-2-3 电子商务的一般框架

---

① 张泰铭. 电子商务环境下我国国际贸易物流模式发展研究[J]. 山西农经，2020（19）：19-20.

（一）电子商务的框架层次

1. 网络基础设施

"信息高速公路"是对网络基础设施建设最直观的概括，也是实现"互联网+"的关键。正如国道、城市干道、支线一样，"信息高速公路"是由核心网、城域网和局域网逐层构成的，是保证每一部电脑都能通过网络联系到世界各地的关键所在。

2. 多媒体内容和网络宣传

"信息高速公路"的建立使网络传输信息成为现实，但具体传输的内容取决于用户的选择和操作方式。当前，HTML（超文本标记语言）是较为流行的一种在互联网上发布信息的方式，它实际上是将信息放在了万维网上。网络上传播的内容包括文字、图片、音频等多种形式，而HTML能够有条理地、生动地呈现并管理各种多媒体内容。

3. 报文和信息传播的基础设施

在互联网上信息交流的方式有两种：一是没有设定格式的资料传送，如传真、电邮等，此方式是为人而设的；二是利用数据格式来通信，如可以实现信息传送的电子数据交换系统，其不需要人为干预，主要用于机器之间的通信。在商业交易中，发票、装运单等文件适合进行结构化数据交换。HTTP（超文本传输）协议是一种被广泛应用在互联网上的通信协议，它提供了统一的格式规范，用于在不同环境下展示未经格式化的多媒体信息。

4. 贸易服务的基础设施

贸易服务的基础设施是常见的贸易商和个体提供基本的服务，也就是所谓的基础架构。它根据用户的需求，为用户提供各种基于互联网的软硬件服务，包括安全认证、电子支付等。

为了满足电子商务的需求，信息传播工具必须保证安全性并提供认证，以确保发送的信息可信、完整且无法被随便修改，并且在出现争议的时候能够提供必要的证据。电子支付的安全性是电子商务服务的核心。在进行在线购物时，买家通过信用卡、电子钱包等多种在线支付方式进行支付，随后向卖家发送付款通知。卖家通过第三方中介机构验证并接收款项。这笔交易在买方收货后才算结束。为了保证网上支付的安全性，必须确保交易的机密性、真实性、完整性和不可否认性。目前，确保在线支付安全的方式是通过使用涉及交易双方的数字证书，也就是电子身份证，来确保端到端的安全性保护。贸易服务由电子销售支付系统、供货体系服务和客户关系解决方案三个核心部分构成。目录服务有助于有效组织信息，并方便进行添加、删除和修改，是这些贸易服务的基础设施。目录服务包括市场调查、顾问咨询和商品购买指南等功能，是客户关系解决方案的一个组成部分。另外，目录服务能够优化供应链速度，提升供货体验。

5. 电子商务应用

根据以上框架，可以逐步构建真实的电子商务应用，如供应链管理、家庭购物等。

（二）电子商务的框架支柱

电子商务框架有两个支柱：社会人文性的政策法规和自然科技性的技术标准。

1. 社会人文性的政策法规

政府必须制定相关的法律法规对电子商务进行管制，包括税收制度、信息定价等。法律和规章制度对于商业活动的正常运行是非常重要的，任何违反规定的行为都要受到法律的制裁。网上交易有其自身的特殊性，即买家和卖家的地理位置不同，因此，没有一套完善的法律体系是不可能解决网上交易中的争议的。随着电子商务的发展，知识产权问题日益凸显。在制定电子商务法的过程中，如何保证正常交易的顺利进行、如何有效打击侵权假冒行为等都是电子商务立法过程中必须考虑的问题。立法是否成功将直接关系到整个电子商务领域的发展。

确定税收政策也是一个关键问题。例如，咨询服务、电子出版物和软件等无形商品是否需要缴纳税款，以及缴纳税款的规定是怎样的；汽车、服装等实物商品是如何通关并交纳进口税款的；是否应该将税收制度与国际标准保持一致，并探讨如何实现这种一致化。如果这些问题得不到妥善解决，那么将会严重阻碍电子商务的发展。

2. 自然科技性的技术标准

技术标准规定了用户界面、通信协议、数据格式等技术方面的细节。在整个网络环境中，标准的重要性在于确保兼容性和广泛适用性。当今，在电子商务领域，越来越多的企业和团体意识到了标准的重要作用，并开始联合起来，共同制定统一的标准，如 HTTP（超文本传输）协议、SSL（安全套接层）协议等。

第三节　电子商务的分类

一、按参与交易的对象分类

根据涉及的参与方、商品种类及采用的网络类型等，电子商务可以分成多种类型。

（一）企业对消费者的电子商务

企业对消费者的电子商务（Business to Customer，可以缩写为 B to C 或 B2C）可以说是一种商业活动，它可以通过在线商店进行在线销售，并向顾客提供需要的服务，这是大众最为熟悉的一类。企业与消费者之间的电子商务引发了商品营销方式的重大变革，无论是企业，还是消费者，都从中获益匪浅。企业与消费者之间的电子商务实质上就是电子零售业务。当前，网络上存在许多不同种类的在线商店和电子商务公司，它们提供各种与产品买卖相关的业务。利用在线商店进行交易的商品包括实体商品，如书籍、服装等，还包括数字商品，如新闻、音乐以及各种知识产品。在线商店还可以提供其他服务，如在线医疗诊断、远程教育等。

（二）企业对企业的电子商务

企业对企业的电子商务（Business to Business，即 B2B 电子商务），是电子商务中最为重要且备受关注的模式。在这种模式下，企业利用互联网或其他网络来寻求理想的合作伙伴，并开展从订货到支付的整个交易流程，具体包括向供应商下订单、签署合同、接收发票等，以及负责其他贸易事项，如索赔、运输跟踪等。企业之间的电子商务是一个巨大的市场，需要非常成熟的软硬件环境，它是建立在 EDI（Electronic Data Interchange，电子数据交换）交易基础上的，并且发展速度极快。

（三）企业对政府的电子商务

企业对政府的电子商务（Business to Government，可以缩写为 B to G 或 B2G）涉及企业与政府机构之间的各种业务。例如，企业和政府之间处理各种程序的审批、政府利用网络向企业发布采购清单、企业通过电子方式回应政府、政府在线上通过电子交换方式征收企业税款等。这种电子商务运营模式是政府机构实施政务公开的渠道和方式。

（四）消费者对政府机构的电子商务

消费者对政府机构的电子商务（Customer to Government，可以缩写为 C to G 或 C2G）是指政府可以利用电子商务进行福利费用发放、自主报税及个人征税等服务，并通过网络进行个人身份核实、税务申报等操作，实现政府与个人之间的互动。

（五）消费者对消费者的电子商务

消费者对消费者的电子商务（Customer to Customer，可以缩写为 C to C 或 C2C）是指消费者个人间的电子商务行为。例如，用户在网上购买了一台计算机，然后通过网络再卖给其他用户，这就是 C2C 电子商务。

二、按电子商务使用的网络类型分类

依据企业进行电子商务业务时所采用的网络类型，可将电子商务分成以下三种形式：

（一）EDI 网络电子商务

EDI（Electronic Data Interchange，电子数据交换）是根据大众都接受的标准与协议，将商业过程中所包含的文档进行标准化、规范化处理，即利用电脑网络，在不同贸易伙伴的网络系统中交换与处理资料。其大多应用于批发、零售业务。

（二）互联网电子商务

互联网电子商务是指通过互联网进行的电子商务活动，其在网络上能够开展多种形式的电子商务业务，无论是企业还是个人都能参与其中，且该领域正在迅速发展，其发展空间非常大，是当今主要的电子商务形式。

（三）内联网电子商务

内联网电子商务是指在一个大型企业内部或某一行业内部进行的电子商务活动，其能够有效提高工作效率并减少业务费用。

三、按交易涉及的商品内容分类

（一）间接电子商务

间接电子商务（又叫不完全的电子商务）是指在网上进行的交易环节只能是订货、支付和部分售后服务，而商品的配送还需交由现代物流配送公司或专业的服务机构去完成。例如，间接电子商务中的鲜花、书籍、汽车等实体物品，它们只能通过实际的物流方式来运送，所以要想实现交易就必须依靠物流体系。

（二）直接电子商务

直接电子商务涉及的产品主要是虚拟商品和服务，如软件、电子书、信息服务及支付等。通过直接电子商务，交易双方可以跨越地理障碍展开交易，全面开发国际市场的潜能。

四、按开展电子交易的信息网络范围分类

（一）本地电子商务

本地电子商务是指通过当地或本地区的信息网络进行的电子商务活动，其交易范围通常较为局限。本地电子商务系统是通过 Internet（互联网）、Intranet（内域网）或专用网络将涉及交易各方的电子商务信息系统连接在一起的网络系统，其中包括买方、卖方和其他各方的电子商务信息系统，银行金融机构的电子信息系统，保险公司的信息系统，税务管理部门的信息系统等。本地电子商务系统是支持国内和全球远程电子商务活动的基础架构。

（二）远程国内电子商务

远程国内电子商务是指在同一国家范围内开展的在线电子交易活动，这种交

易的覆盖范围广，对技术和设施的要求很严格，它需要在整个国家范围内实现商业数字化、自动化及金融电子化。涉及的各方必须了解电子商务知识，具备经济实力、技术能力，以及较高的管理水平和才能。

（三）全球电子商务

全球电子商务是指利用网络进行的全球性的网上交易行为，包含有关贸易双方的制度，如买家进出口公司制度、海关制度等。由于世界范围内的网络信息是复杂多样的，数据传输也很频繁，因此对于严格、精确、安全的电子商务系统来说，必须建立国际统一的电子商务标准和协议，这样才能对全球电子商务的发展起到巨大的推动作用。

第四节　电子商务带来的影响

一、电子商务对社会经济的影响

（一）促进贸易的国际化

传统的贸易活动有许多烦琐的环节，必须使用多种工具，并定期进行沟通，同时，地理位置对贸易双方也会产生影响。而电子商务则给企业开辟了一条通往全球市场的捷径，消除了时空障碍。利用网络，企业能够在全球范围内寻求贸易伙伴，在网上完成贸易的过程，一些信息产品，如软件、合同等还可以在网上直接传送给对方，大大降低了交易成本。

而与传统的贸易模式相比，电子商务更加快捷、便捷、廉价，能够更好地推动全球经济的发展。此外，还可以使金融机构有更多的利用电子商业体系开展国际金融工作的机会，能够将金融业务扩大到全球范围。

对于关税部门，电子商务能够以一种更间接的方式促进国际贸易，减少业务在边境上的延误。在传统贸易中，保险、运输和海关管理的费用可达到甚至超过某些产品自身的价值，这样就限制了跨国贸易的增长，而电子商务的出现有效地减少了这种限制。

（二）促进信息产业及服务业的发展

电子商务的发展需要有更好的信息基础设施作为支撑，信息产业需要在完善更先进、更完备的技术基础设施的同时，改进现有网络，以满足持续涌现的新的业务需求。电子商务不断对信息产业提出新的需求，促进了信息产业的发展。

随着电子商务的蓬勃发展，信息服务行业也将会有较大的增长空间。信息服务部门可以利用电子商务渠道扩大业务范围，为用户提供广泛的信息和网络服务，以及丰富繁多的资讯。随着信息技术的发展，电信业、计算机业、广播电视业以及语音、数据、图像等业务和网络将融合发展出新的服务业态。

（三）给传统企业带来变革

在商业活动的整个流程中，将人工和电子通信手段相融合，使企业运作更加高效，能够去除多余的中间步骤。互联网的发展，不仅使商家和顾客之间的交流渠道发生了变化，还使商家的销售方式发生了变化。"参与""互动""个性""体验"是新经济的显著特征，互动营销模式和基于"用户需要"的科技创新给"精准营销"带来了革命性的变化，这必然会对传统的制造业、批发业、零售业、金融银行等各类服务行业造成重大的影响。

以前，企业与顾客的关系是单向的，顾客间的联系与沟通较少。而网络时代则完全不同，借助网络，特别是微博、抖音等新兴社交平台，顾客间可以直接沟通，用"言"与"行"来感染他人。顾客会对顾客产生影响，对企业也会产生影响，网上言论和行为也会对传统销售方式产生影响。

这就要求企业积极投身于网络市场。例如，对于顾客在网络上发表的评价，企业要及时应对，提前实施营销策略。从该角度来看，互联网经济使企业与顾客的交互内容与形态发生了变化，从而产生了诸如数据库营销、搜索引擎营销、移动广告、微博营销等新型营销手段，以及视频游戏、团购、拍卖、积分兑换等新型营销方法。

电子商务给金融行业带来了巨大的影响。网上支付是电子交易中非常重要的步骤，对网络交易的健康发展起着至关重要的作用。网络银行、银行卡支付、电子支票等新型支付方式的出现，使金融行业进入了一个崭新的阶段。

（四）转变政府行为

政府担负着政治、经济、文化以及提供社会公共服务等职能，它对调控市场运作、预防市场失效具有重要意义。当企业运用电子商务来开展生产和运营、银行使金融向电子化发展、消费者可以在线上消费时，政府的监管活动便因此产生了新的形式。

二、电子商务对消费者和企业的影响

互联网的发展极大地改变了人们的生活方式和生活习惯，也促进了企业开展网络营销。电子商务深入社会和经济的方方面面，包括银行业、保险业、交通业、外贸、海关、教育业、政府机构等方面。

（一）电子商务对消费者的影响

1. 信息获取方式和购物方式的改变

互联网可以通过更快、更直观、更有效的方式传播信息。通过互联网，人们可以进入各大门户网站了解新闻动态，并通过网上商城浏览或购买各种商品，还可以通过智能手机上的各种应用，足不出户看世界。

人们在互联网上最直观的消费就是网络购物，而其最大的特征便是消费者的主导性，消费者货比三家，购物意愿掌握在自己手中。同时，消费者还能以一种轻松、自由的自我服务方式来完成交易，消费者的主动权可以在网络购物中充分体现出来。

2. 教育方式和娱乐方式的改变

互联网改变了人们接受教育的方式。随着互联网的广泛应用、电子商务的推广，网络教育应运而生。网络教育是一种成本低、效果好、自主性强、覆盖面广、便于普及高质量教育的新型教育方式。

互联网的出现还使得人们可以足不出户观看演唱会，下载音乐、视频，进行大型互动娱乐等，可以在网络上找到志趣相投的朋友，还可以虚拟养宠物、种花、种菜等，这些都是网络给人们提供的新的休闲方式。互联网娱乐、休闲对人们会产生越来越大的吸引力，还催生了新的娱乐业态，如网络游戏、网络直播等。

(二)电子商务对企业的影响

1. 扩大销售,增加商机

电子商务为企业打开国内、国际市场开辟了新的渠道,扩大了销售,为企业向世界各地的潜在客户宣传自己的产品与服务提供了新的手段。

2. 优化库存结构,缩短生产周期

一个产品的生产需要多家企业合作,同时,产品的销售也会涉及多家相关企业。利用电子商务,可实现由过去的分阶段合作方式转变为信息共享的协同工作方式,这样做的优势在于:一方面,能正确关联存货并及时为客户提供更好的服务,使库存量减少;另一方面,加大库存核查频率会减少与存货相关的利息支出和存储成本,从而加快库存周转和缩短生产周期。

3. 经营规模不受场地限制

在网络市场中,经营规模不受场地限制,主要体现在两个方面:一方面,利用网络,将营业窗口网络化、无形化,无须投入巨资在各地设立营业窗口,用户一上网就可以进入商家的窗口,没有或只有很低的店面租金成本;另一方面,网上"店铺"可以展示无限数量的商品,且经营方式灵活,人们可以方便地在全世界范围内采购、销售各种商品。

4. 降低经营成本

通过电子商务采购原料,企业拓宽了选择范围,提高了采购效率。企业可以通过互联网在全球市场寻求提供更优惠价格的供应商,并通过批量订货获得更大的折扣来降低采购成本,还可以采用网上招标来大幅度降低原材料成本。企业开展电子商务时,要先优化整合企业内部资源,按效益最大化原则设置这些环节,然后在生产经营活动的各个环节上节约经营成本。

5. 便于收集和管理客户信息

在收到客户的订单消息后,服务器会自动将客户信息整合到数据库中,以便分析订单及反馈,从而发现新的商机,进而促进新商品的兴起、售出及消费。

6. 改变企业竞争方式

电子商务为消费者和企业带来了更多的购物选择和拓展市场的商机,同时为信息交流创造了更便捷的平台，提升了企业和消费者了解市场的能力，也提升了企业创新产品和服务的能力。电子商务拓宽了企业的竞争范围，使企业不仅能在传统广告设计、产品包装等方面竞争，还可以在虚拟空间中竞争。现在的竞争是高科技的竞争，是速度、质量、成本、效率和服务等综合实力的竞争。电子商务为广大中小企业在高科技的竞争中取胜提供了一个新的机遇，它会改变财富分配的格局。

总的来说，电子商务作为一种商业活动方式将带来一场空前的变革。电子商务的影响不局限于商业领域，它将深刻地影响社会、经济和文化教育等领域，真正将人类带入新信息时代。

【归纳提高】

电子商务概述是掌握全书内容和认识电子商务的入门章节，本章从电子商务的基本概念入手，介绍了电子商务的部分基础知识。根据所处的环境和对电子商务参与的角度和程度的不同，给出了许多不同的定义，对电子商务的类型进行了详细介绍，进一步分析了电子商务对社会经济，以及对消费者和企业的影响。

【思考题】

（1）什么是电子商务？
（2）电子商务由哪些要素构成？
（3）简述电子商务的产生与发展过程。
（4）简述电子商务的分类。
（5）试阐述电子商务对当今社会的影响。

第二章　电子商务模式

本章主要论述电子商务模式，具体包括六个方面的内容，分别是电子商务模式概述、B2B 电子商务模式、B2C 电子商务模式、C2C 电子商务模式、O2O 电子商务模式及其他电子商务模式。

【知识点框架图】

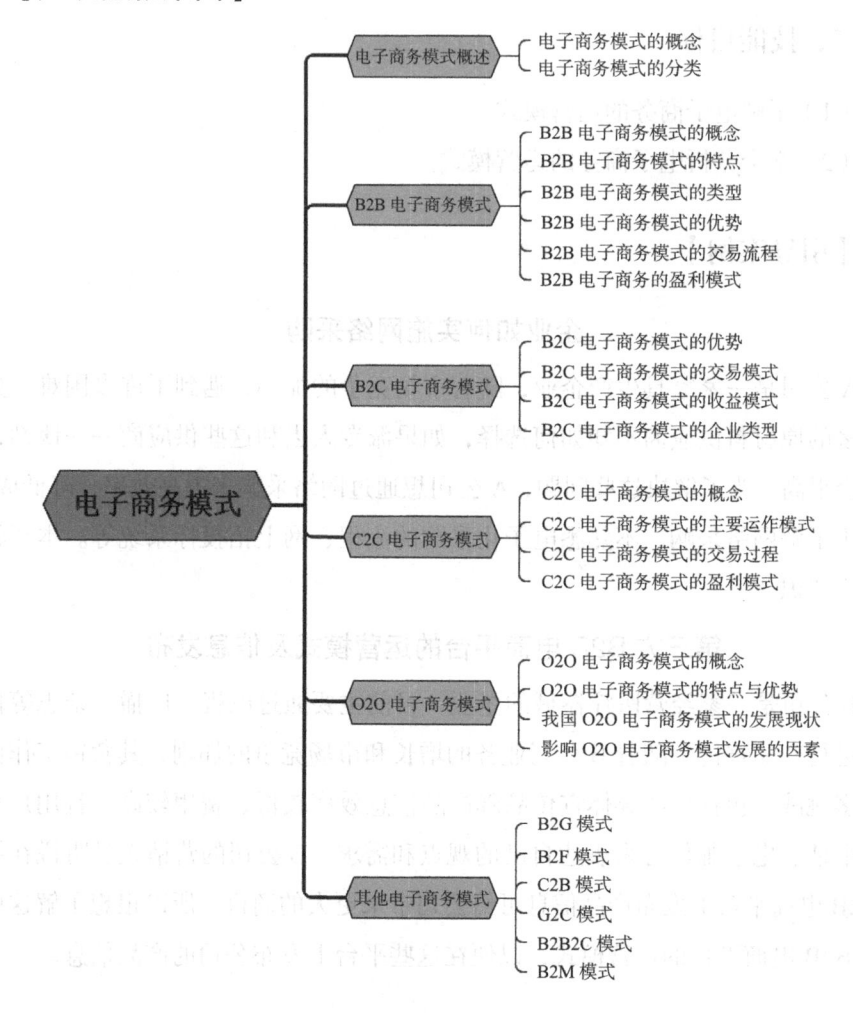

- 电子商务模式
  - 电子商务模式概述
    - 电子商务模式的概念
    - 电子商务模式的分类
  - B2B 电子商务模式
    - B2B 电子商务模式的概念
    - B2B 电子商务模式的特点
    - B2B 电子商务模式的类型
    - B2B 电子商务模式的优势
    - B2B 电子商务模式的交易流程
    - B2B 电子商务的盈利模式
  - B2C 电子商务模式
    - B2C 电子商务模式的优势
    - B2C 电子商务模式的交易模式
    - B2C 电子商务模式的收益模式
    - B2C 电子商务模式的企业类型
  - C2C 电子商务模式
    - C2C 电子商务模式的概念
    - C2C 电子商务模式的主要运作模式
    - C2C 电子商务模式的交易过程
    - C2C 电子商务模式的盈利模式
  - O2O 电子商务模式
    - O2O 电子商务模式的概念
    - O2O 电子商务模式的特点与优势
    - 我国 O2O 电子商务模式的发展现状
    - 影响 O2O 电子商务模式发展的因素
  - 其他电子商务模式
    - B2G 模式
    - B2F 模式
    - C2B 模式
    - G2C 模式
    - B2B2C 模式
    - B2M 模式

【学习目标】

一、知识目标

（1）电子商务模式定义及分类。
（2）B2B 电子商务模式。
（3）B2C 电子商务模式。
（4）C2C 电子商务模式。
（5）O2O 电子商务模式。
（6）其他电子商务模式。

二、技能目标

（1）了解电子商务的运营模式。
（2）学会分析电子商务的运营模式。

【引导案例】

企业如何实施网络采购

A 公司是一家家具生产企业，随着市场竞争的加剧，遇到了许多困难，如面对众多的原材料供应商不知如何选择，如果派专人去和这些供应商一一谈判，成本又会很高。为了解决这些问题，A 公司想通过网络采购来提高效率、降低成本，但又不了解网络采购，不熟悉电子化采购的流程、网上招投标系统等。本章将讲解相应知识。

第三方 B2B 电商平台的运营模式及信息发布

B 公司是一家经营医疗器械的企业，目前主要通过电视、广播、杂志等传统媒体进行产品宣传。随着 B 公司业务的增长和市场竞争的加剧，其营销工作面临着诸多挑战，包括传统媒体宣传品牌产品信息效率较低、费用较高，且用户只能通过电话、电子邮件等来表达自己的观点和需求。B 公司的营销人员听说在第三方 B2B 电商平台上发布产品信息可给公司带来更大的商机，所以很想了解这些第三方 B2B 电商平台的运营模式，以便在这些平台上发布公司的产品信息。

第一节 电子商务模式概述

一、电子商务模式的概念

电子商务模式是指在互联网环境中利用一定技术手段开展商务活动的基本方式,即构成电子商务的要素以不同形式形成的电子商务运营管理模式。在电子商务活动中,产品、服务、信息、收入来源以及各利益主体在交易运作过程中会形成各种电子商务模式。电子商务模式通常涉及以下几个关键部分:

(一)财务

(1)为了开展电子商务,需要做好资金准备工作,可以通过自筹、银行贷款等渠道来得到所需资金。

(2)成本是指企业购买生产资源、创造价值,并将价值传递给目标市场所需的费用,它对商业模式能否获得竞争优势起着至关重要的作用。

(3)销售额是商家从客户那里收取的所有费用,但不包括诸如税收在内的其他费用,是评估电子商务模式成功与否的一个关键因素。

(二)从业员工

从业员工是企业中负责组织和运营电子商务的人员。员工的首要任务是赢得潜在投资者的信任,积极获取市场信息,并制定公司发展策略。电子商务从业员工由企业家、内部创业者和知识工作者组成,他们彼此之间互相补充,形成了一个紧密联系的团队。

(三)信息网络系统

信息网络系统是电子商务的技术基础架构,电子商务的运作离不开信息网络和信息系统。信息网络是由网络介质连接电子商务各交易实体的一种物理布局。信息系统涵盖商品查询、供应链、认证等方面。

(四)商品

在电子商务交易中,商品即商家提供的产品、服务或信息。在电子商务中,商品是吸引客户购买的决定因素，尤其是当这些商品具有独特性，竞争对手无法提供时。优质商品应当是在兼顾客户需求的基础上，能够实现客户和企业价值最大化的产品，而这就需要商家准确把握目标客户的需求和偏好，并为目标客户提供有意义的服务。

（五）卖方

卖方是指在电子商务中负责出售商品或服务的一方，可以是生产厂商、贸易商、服务商、个人等。

（六）买方

买方是指购买和使用卖方商品的人群，有生产厂商、贸易商和个人消费者等。买方是电子商务的目标客户，在电子商务中扮演着至关重要的角色，具有重要意义。

（七）支持服务机构

在进行电子商务活动时，支持服务机构扮演着不可或缺的辅助角色，包括金融支付、认证以及物流配送等服务机构。

（八）组织管理

卖方向买方供应货物时，要进行很多商业行为，这些行为的执行离不开相应的组织管理流程。组织管理流程分为内部经营流程、外部经营流程和商业流程重组。根据电子商务各因素的差异以及它们之间的结合效果，能够形成多种类型的网络交易方式。

二、电子商务模式的分类

对电子商务模式进行分类分析是电子商务研究中至关重要的环节，其可以促使人们发现新型商业模式，推动电子商务的创新，同时对企业制定电子商务战略和计划提供指导意见。当前有七种电子商务模式分类方法：基于价值链的分类、混合分类、基于原模式的分类、基于新旧模式差异的分类、基于控制方的分类、基于 Internet 商务功能的分类以及基于 B2B 和 B2C 的分类。

（一）基于价值链的分类

基于价值链的分类方法是由保罗·迪姆尔斯（Paul Timmers）提出的，不仅涉及价值链的整合性，还兼顾了商业模式创新度的差异以及功能整合能力的强弱。根据这一方式进行分类，可以将电子商务商业模式归类为电子商店、电子采购、信用服务和其他服务等类型。

（二）混合分类

迈克尔·拉帕（Michael Rappa）对电子商务的商业模式进行了分类，包括经纪、广告、信息中介、店主、制造、附属合作、社区、内容订阅、效用九大类。而且，经纪还可以分为买（卖）配送、市场交易等。广告还可分为通用门户网站、个性化门户网站等。

部分学者将电子商务的商业模式划分为B2B、在线金融、电子销售、在线拍卖（购买）等多个类型。其中，B2B依据职能还可被分为采购、销售等类型；网络金融模式可以依据金融领域分为网络证券、网络银行等类型。

（三）基于原模式的分类

有学者指出，电子商务的商业模式实际上可以归类为原模式中的一种或者是原模式的结合。原模式包括内容提供者、直接与客户交易、全面服务提供者、中间商、共享基础设施、价值网整合商、虚拟社区和企业/政府一体化。

（四）基于新旧模式差异的分类

根据新旧模式的不同，有学者将电子商务商业模式分为移植模式和禀赋模式两类。移植模式是指将现实世界中的商业模式迁移到网络环境中。禀赋模式则是指互联网时代特有的商业模式。

（五）基于控制方的分类

根据麦肯锡咨询公司的研究，目前有三种新型的电子商务商业模式，分别是卖方控制模式、买方控制模式和第三方控制模式。这种分类反映了卖方、买方和第三方在市场交易中所起的支配作用，并体现了各方对交易的管控水平。

（六）基于Internet商务功能的分类

有学者根据Internet的商务功能，将电子商务商业模式归类为三种：基于产品销售的商业模式、基于服务销售的商业模式和基于信息交付的商业模式。

（七）基于B2B和B2C的分类

中国社科院财贸所的研究小组对以B2B与B2C为基础的电商企业进行了不同类型的业务模型研究，并指出：根据向顾客所提供的业务内容，可分为电子经纪、电子直销、电子零售等；对B2B模式进行分类，可分为名录模式、B2B与B2C模式、政府采购与公司采购模式等；中介服务类型主要有信息中介、认证中介、网络中介和银行中介等。

选择哪种分类方法对电子商务模式进行分类，具体取决于研究或应用的目的。当前在电子商务领域中，流行的分类方法是根据参与交易的商业主体进行划分，包括企业对企业的电子商务（B2B）、企业对消费者的电子商务（B2C）、消费者对企业的电子商务（C2B）等。这里将重点介绍基于参与交易主体对象分类的电子商务模式。

第二节 B2B电子商务模式

随着现代化信息技术的进步，零售和批发模式在互联网平台上蓬勃发展，为零售行业带来了强大的驱动力，促进了电子商务产业的发展。因此，涌现出了各种不同类型的电子商务模式，它们各自的效率不同，企业可以依据实际需求和经济效益来选择适合自己的平台和业务模式。其中，B2B电子商务模式迅速壮大，已成为电子商务领域中广泛采用且普及程度较高的主要电子商务模式。

一、B2B电子商务模式的概念

B2B（Business to Business）电子商务模式，又被叫作企业之间电子商务模式或商家之间电子商务模式，是指企业间利用现代信息技术手段如互联网或私有网络，进行产品和信息的交流。这类电子商务是在企业之间开展的，通常以发布信息和商业讨论为主，涉及双方的商务洽谈、订货及确认订货、合同签订、货款支付、票据的签发及传送和接收、货物的配送及监控等的全部或部分过程，其主要商务活动集中在原材料的采购、产品的买卖、运输三方面。B2B 电子商务模式是建立在企业与企业之间的桥梁。对于很多企业来说，B2B 电子商务是一种全新的营销推广体验，它能帮助企业实现多角度推广。

B2B 电子商务模式是现今电子商务中市场份额最大、最实用、最易进行的模式，也是目前电子商务的重中之重，现在已进入新的发展阶段。B2B 电子商务模式引起了企业供应链的变革，实现了在整个产业乃至全球的供应链网络上的增值。

二、B2B 电子商务模式的特点

（一）交易对象相对固定

企业与企业之间的交易对象一般比较固定，不同于普通消费者发生交易行为的高随机性。

（二）交易金额较大

企业间的交易范围比较广泛，往往是大宗交易。与有消费者参与的交易相比，企业间的电子商务交易次数较少，单笔交易量一般很大。

（三）交易操作规范

企业间进行电子商务活动通常涉及多方，因此，对合同格式的要求较为严格，更重视法律的有效执行。

（四）交易过程复杂

企业间的电子商务活动通常涉及多种部门和各级人员，因此，信息交流频繁且复杂，对交易过程的管控十分严谨，不能出现任何差错。

（五）交易内容广泛

企业间电子商务活动所涉及的内容包括各种产品，交易商品的种类较多，不仅包括原材料，还包括半成品或成品。

三、B2B 电子商务模式的类型

（一）根据 B2B 交易平台的构建主体划分

根据 B2B 交易平台的构建主体分类，B2B 电子商务模式可以分为基于企业自有网站的 B2B 电子商务模式和基于第三方中介网站的 B2B 电子商务模式。

1. 基于企业自有网站的 B2B 电子商务模式

企业之间为了提高效率，减少库存，降低采购、销售、售后服务等方面的成本，建立了 B2B 网站。B2B 网站实现了企业之间的电子商务交易。事实上，大型企业 B2B 网站的交易额在企业间电子商务交易总额中占有主要地位。利用 B2B 网站交易的企业主要是用户、供应商、合作伙伴及其他与企业经营活动有关的部门或机构。

2. 基于第三方中介网站的 B2B 电子商务模式

第三方 B2B 网站往往充当交易撮合平台，连接销售商和采购商但本身不具有产品，不直接参与交易。针对基于第三方网站的 B2B 电子商务模式，可以根据交易产品种类和商品内容分为综合型 B2B 电子商务和垂直型 B2B 电子商务。

（1）综合型 B2B 电子商务平台包括很多行业和领域，为各行业的买卖方提供一个交流和交易的场所，让买卖方能够交流信息、发布广告等。国内综合型 B2B 电子商务平台有阿里巴巴、环球资源网等。

（2）垂直型 B2B 电子商务具有高度专业性，通常专注于固定的专业领域，如 IT、化工、钢铁或农业等。特定行业的垂直型 B2B 电子商务平台将整个产业链的厂商会聚起来，让不同层次的厂商可以快速地找到原材料或商品供应商或买家。

（二）根据 B2B 交易的贸易类型划分

1. 内贸型 B2B 电子商务

以内贸为核心的内贸型 B2B 电子商务是一种以国内企业间的贸易和业务领域为主要对象的电商模式。

2. 外贸型 B2B 电子商务

外贸型 B2B 电子商务是一种以国内外供应商和买家之间的贸易为主要对象的

电商模式。与内贸型 B2B 电商企业相比，外贸型 B2B 电商企业要克服习俗惯例、法律法规、关税汇率等各个领域的壁垒，所牵涉的 B2B 电商活动过程更加烦琐、更加专业。

四、B2B 电子商务模式的优势

B2B 电子商务模式通过互联网进行交易，交易双方从交易磋商、签订合同到支付等活动均通过互联网完成，整个交易过程完全网络化。B2B 电子商务模式的优势主要表现在以下五个方面：

（一）开发拓展市场，增强企业竞争力

B2B 电子商务模式是全新的企业商务运作模式。互联网无国界和无时限的特点为企业提供了理想和低成本的信息发布渠道，商业机会因此大大增加。通过互联网，交易双方可以获取大量的供求信息，进而拓展途径、寻求商机、吸引客户，从而提升交易率。B2B 电子商务模式还能让企业随时掌握国际市场的供需情况，获取即时商业信息，并以更低的费用与全球贸易伙伴进行洽谈。而且，B2B 电子商务模式是传统商务关系和商务活动的延续，能够更大限度地挖掘企业与企业之间大笔交易的潜在效益。

（二）降低交易成本

传统企业间进行销售、分销和采购需要花费很多的资源和时间，而采用 B2B 交易方式则能让交易双方在互联网上进行交易的全过程，包括信息获取、产品比对、洽谈、签约、交付及售后等。B2B 电子商务模式的发展减少了企业之间烦琐的流程和管理成本，进而节省了企业的运作费用。另外，对于卖方而言，电子商务可以降低企业的促销成本。传统企业在宣传产品和企业形象时，大多要借助电视、广播、杂志等媒体，广告费用昂贵。而通过互联网发布企业相关信息，如企业产品名称、价格、规格等，可以更及时、更有效率。

（三）缩短订货和生产周期

电子商务的应用加强了企业内部及企业之间联系的广度和深度，改变了以往信息封闭的分阶段合作方式，使分布在不同区域的交易双方可以通过互联网协同

工作，最大限度地减少了信息传递效率低的问题。交易双方能更快、更准确地处理订单，降低安全库存量，提高库存补充自动化程度，因此 B2B 电子商务模式可以缩短产品的订货周期和生产周期。

（四）交易对象广泛

B2B 电子商务模式可以涵盖各种产品的交易，如仓储、运输、水电、建筑等，既包括中间产品，也包括最终级产品。由此可见，B2B 电子商务模式是目前电子商务发展的主流和推动力。

（五）随时随地提供服务

B2B 电子商务模式打破了时空的限制，使企业可以随时随地宣传企业形象、发布产品信息。在时间上，企业的电子商务网站可以全天候为客户提供企业相关信息；在地域上，企业可以把市场拓展到世界的任何一个角落，增加了企业的贸易机会。

五、B2B 电子商务模式的交易流程

B2B 交易应遵循的基本程序如下：

（1）采购方向供应方表示有购买意向，要求提供商品报价并了解商品信息。

（2）供应方向采购方提供商品价格，然后收到回复和反馈。

（3）采购方向供应方提交商品订单请求。

（4）供应方对采购方提交的商品订购单进行回复，指出商品的可用性以及现有存货的规格型号和质量等详细信息。

（5）采购方依据供应方的回复来决定是否修改订单，并确认是否购买商品。

（6）采购方向供应方详细说明商品运输需求，包括指定运输工具和交货位置等需求。

（7）供应方提醒采购方发货时间，详细说明运输公司名称、运输装备及包装等细节。

（8）采购方向供应方发送收货确认通知。

（9）买卖双方通知对方收发款项。采购方通知已汇款，供应方提供收款信息。

（10）供应方准备好货物并寄出电子发票，采购方收货后支付货款，B2B 交易流程就此完成。

在进行跨境交易时，还需要处理海关、国际运输和外汇结算等相关事务。

六、B2B 电子商务的盈利模式

目前，B2B 电子商务被认为是最具盈利潜力的电子商务模式。B2B 电子商务的盈利模式主要包括以下几方面：

（一）收取会员费

企业要在第三方电子商务平台上进行交易，必须成为 B2B 网站的会员，每年需支付一定数额的会费，以此享受该网站的全部服务。当前，收取会员费已是中国 B2B 网站主要的收益渠道。举例来说，阿里巴巴网站向中国供应商和诚信通会员收取不同的会费。中国供应商的会费根据服务项目收费。

（二）收取广告费

网站广告是门户网站的主要收益方式，也是 B2B 电子商务网站的主要资金流。阿里巴巴网站依据广告首页展示的位置和类型来收取费用。中国化工网则提供了多种广告形式，包括弹出广告、漂浮广告以及 banner（横幅）广告等，用户可以根据需求来选用。

（三）竞价排名

企业想要促销商品，都希望自己在 B2B 网站的资讯搜寻中获得较高的名次。阿里巴巴的"竞价排名"是一项专门为诚信通成员提供的"搜寻排序"功能，只要买方在阿里巴巴网站查询供货资料，该公司的相关资料就会出现在检索结果的前三位，以便买方能够在最短时间内查找到。

（四）增值服务

B2B 网站不仅向商家提供交易供需方面的资讯，还提供特殊的商业服务，包括企业认证、独立域名等。例如，实物验证就是一种专门为电子商务提供的附加服务，这是因为买家更看重的是存货量。所以，B2B 网站能够深入挖掘用户的需求，并为其提供有目的性的附加业务。

（五）线下服务

B2B 电子商务的盈利模式中，线下服务是一个重要的组成部分。线下服务主要体现在以下几个方面：第一，线下会议会展服务。这是 B2B 电子商务平台提供的主要线下服务之一。企业通过举办或参与线下会议、展览等活动，促进上下游产业链企业的交流与合作。这些活动通常由电商平台与主办方合作开展，或者由电商平台独立运营。其盈利模式主要是向参会者收取参会费、展位费以及推广宣传费等。第二，行业资讯服务。B2B 电商平台还提供行业资讯服务，包括最新的市场动态、技术发展等信息。这类服务帮助企业及时了解行业趋势，从而做出更明智的决策。资讯服务通常通过收取会员费或广告费来实现盈利。第三，咨询培训服务：针对企业的生产、销售、管理等运营流程，B2B 电商平台提供专业的咨询和培训服务。这些服务旨在帮助企业提升运营效率和管理水平，从而间接促进交易量的增长。咨询培训服务的收入来源通常是按次收费或按年订阅。第四，线下展会结合线上平台：一些成功的案例显示，将线下展会与线上平台相结合是一种有效的商业模式。

（六）商务合作

商务合作涵盖广告推广、政府协会合作交流等。其中，广告推广作为一种创新的市场营销策略，尤其是在网络广告领域内，已经展现出强大的影响力和实际效益。有一些广告推广网站，如百度等，它们凭借成熟的运作模式和丰富的经验，为广告主提供了更加多元化的选择，帮助他们实现了精准定位以及对目标用户的深度挖掘。

（七）按询盘付费

与传统的会员包年付费方式不同，按询盘付费模式是指国际贸易企业不再按时间计费，而是根据其海外推广所收到的有效询盘进行付费。消费者拥有确定询盘有效性以及是否消费的自主权。虽然 B2B 市场有良好的发展势头，但仍然存在一些不够成熟的地方，如在线价格协商和在线协作等许多潜在的交易优势尚未得到充分利用。

按询盘付费具有四个显著特点：无须预付款，并且没有任何风险；拥有主动权、购买权；提供免费服务，针对更广泛的群体；及时支付、方便快捷。企业不必承担投入数万甚至十几万而收回成本需一年甚至更久的风险，他们可以免费享受全球推广服务，成功识别有效询盘后，只需在线支付单条询盘的费用，便有机会直接与海外买家谈判订单，掌握主动权。

第三节 B2C 电子商务模式

B2C（Business to Customers）电子商务模式是指企业直接向消费者提供商品或服务的电子商务活动，即企业利用互联网与消费者进行交易。企业对消费者的电子商务，是电子商务的发展方向，也是电子商务发展的一个重点和难点。随着互联网的发展，B2C 电子商务模式发展迅速。目前，互联网上已经出现了许多大型超级市场，所出售的产品一应俱全，几乎包括了所有的消费品。B2C 电子商务模式的特点是能迅速吸引公众和媒体的注意力，是最富有创造力的商务模式之一。此外，特色鲜明的 B2C 网站能迅速脱颖而出，锁住消费者。

B2C 电子商务模式是近年来各类电子商务模式中发展较快的一个，主要原因是互联网的发展为企业和消费者之间开辟了新的交易平台。一是对产品制造商而言，他们可以不再依赖传统的产品销售途径，而是可以通过建立自己的在线虚拟商店直接销售产品和服务。此外，他们还可以选择加入由 B2C 供应商管理的在线商城，将自己的产品和服务作为商城的一部分进行销售。二是尽管电子商务对传统销售方式造成了一定的影响，但它无法彻底替代传统销售方式。传统批发商和零售商渐渐认识到电子商务带来的利益，特别是零售商，考虑将业务拓展到在线渠道，利用 B2C 商务平台进行销售。

一、B2C 电子商务模式的优势

B2C 电子商务模式的优势主要表现在以下几个方面：

（一）大幅降低交易成本

B2C 电子商务模式有助于简化交易流程，显著降低成本，并因此使消费者能够以更低的价格购买商品。生产商可以通过在线销售和利用 B2C 电商平台销售产品。此外，对传统零售商来说，这种新型的销售方式可以方便他们拓展销售渠道。

与传统模式不同，为了增加产品销售量，企业和商家需要投入大量资金来拓展分销网络，这将导致更多的分销商加入，从而使产品价格上涨。而在 B2C 电子商务模式中，通过减少中间步骤和拓展销售范围，可以降低产品价格。这有助于商家或厂家实现销售额的大幅增长，并提升竞争力。

（二）减少了售后服务的技术支持费用

企业提供在线技术支持，既减少了技术服务人员的数量，也减少了出差成本，进而减少了企业售后服务的技术支持费用。

传统的 B2C 电商主要采取"货到付款"和"网上收款"两种模式，但为了节约成本，很多企业采取了外包模式。随着用户购物习惯的演变和杰出企业成功案例的推动，网购用户数量持续增长。

二、B2C 电子商务模式的交易模式

（一）根据经济组织和消费者买卖关系的分类

从经济组织和消费者买卖关系的角度分类，主要分为"卖方企业—买方个人"的电子商务及"买方企业—卖方个人"的电子商务两种模式。

1. "卖方企业—买方个人"的电子商务模式

这是一种以电商为基础，由商户将货物或劳务出售给个体顾客的商业模式。该业务是指商户首先在网上开设网店，陈列商品的种类和规格或服务的种类和价格等，顾客可以挑选产品、下单、网上付款，供应商则将货物送达。网上购买可以让顾客获得更多的产品资料，对不同的产品进行对比，从而找到更经济的产品，节省出门购买时间。但是，要想真正实现这一目标，就必须有一个高效、低廉的物流系统。

2. "买方企业—卖方个人"的电子商务模式

这是一种由商家通过互联网从消费者那里采购产品和劳务的商务模式。最常用的方式就是企业利用网络平台进行招聘，例如，许多公司都会把招聘信息放到招聘网站上，这样人们就可以通过网络搜索相关的岗位。在如今这个人才流动性

较强的时代，这种方式是非常受欢迎的。

（二）根据交易客体的分类

根据交易客体，可以将 B2C 电子商务模式的交易模式分成两类：涉及无形商品和服务的模式、涉及有形商品和服务的模式。第一种能够在互联网上完成，而第二种必须结合传统方式才能完成。

1. 涉及无形商品和服务的电子商务模式

通过互联网，人们可以对信息进行直接的传递与加工，从而能够在网上向用户提供诸如电子信息、数字音像等虚拟产品与服务。电子商务提供无形商品和服务主要采用网上订阅模式、广告支持模式和网上赠予模式。

（1）网上订阅模式。顾客利用网络订阅商家所提供的无形产品与服务，然后在网上即时观看与消费。该模式多用于线上报纸、杂志和有线电视节目等。网上订阅模式包括以下三种：

①在线出版。在线出版是指出版商利用互联网向消费者提供数字化的出版物，而非传统的印刷版本。在线出版通常不包括互联网接入服务，而是专注于发布电子期刊，用户可以通过订阅的方式获取并下载期刊内容。然而，向普通消费者以订阅方式销售电子刊物具有一定的挑战性。因为一般消费者通常能够在其他地方获得相同或类似的信息。因而，这种在线出版模式主要依赖广告支持。1995 年，有些美国出版社试图对站点收取一部分的用户费用，后来在线期刊也采用了一种双管齐下的方式，即"免费"与"收费"相结合。其中，有些内容是可以自由浏览的，而有些则是针对专业的订阅者。通过这种方式，这些站点可以获得更多访问者，并维持较高的访问量，还可以带来一定的盈利。专业化信息媒体采取的收费模式相对成功，如一些网络专业数据库一直以付费订阅为主。

②在线服务。在线服务商通过每月收取用户一定的费用，来为用户提供各种各样的网上资讯，不过其往往是以特殊的用户群为目标。例如，微软主要服务的是应用 Windows 系统的用户，这些用户每个月都要为享受不同的资讯而付费。

③在线娱乐。在线文娱公司通过网络平台，为用户提供多种线上游戏，并向用户收取费用。该模式已经引起了很多人的关注，并且获得了一些成果。当前，在线娱乐已成为人们关注的焦点，微软等大型企业都在争夺线上游戏的市场。事

实上，互联网运营商又向前迈进了一大步，推出了一些免费或者低价的网上游戏来吸引用户。

（2）广告支持模式。所谓的"广告支持模式"，就是网络服务商为客户或使用者提供的各种服务与资讯，只靠广告收益来维持运营。一些企业喜欢在这些网站上投放广告，特别是通过支付费用在网上投放 banner（横幅）广告，感兴趣的用户可以通过点击这些广告直接访问企业网站。

广告支持模式依赖广告收入来支持商务活动，因此网站是否能够吸引大量广告商对企业至关重要。要想提升网站的知名度以吸引更多的在线广告投放，就必须增加网站的访问量。

（3）网上赠予模式。网上赠予模式是一种新型的商务运营模式。为了提升认知度和市场占有率，有些软件公司会用这种模式来发布软件产品，还有些软件公司会在网上提供测试版软件，供使用者免费下载，并提供相关的技术支持。使用者经过一段时期的试用后，如果觉得不错，就会选择购买官方软件。通过该模式，软件公司既能节约开发费用，又能扩展目标用户、提升检测质量、增加市场份额。因为免费提供的电脑软件是无形的，用户自己从网上下载，所以公司投资的费用就比较少。通过这样的方法，只要这个软件具有一定的实用性，就会被用户所认可。适用于网上赠予模式的企业有两种，一种是软件公司，另一种是出版商。

2. 涉及有形商品和服务的电子商务模式

有形物品，即传统意义上的实体物品，在这种模式的基础上，实体货物或服务的购买、支付等行为都可以在线上进行，但最后的交付无法通过互联网进行，还是需要以传统的方式进行。这种电子商务模式也被称为线上交易，我们通常称之为网上商店。通过网上商店，消费者可以浏览、选购自己喜欢的商品，安全地完成网上支付，享受安全便捷的购物。企业可以通过网络将商品销售出去，这种方式不但减少了店面的开销、销售人员的开销，更重要的是实现了零库存销售。

网上商店模式以销售有形产品和服务为主，产品和服务的成交是在互联网上进行的，而实际产品和服务的交割仍然是通过传统的方式，而不能通过计算机和网络来实现。

网上商店与传统商店的组织架构与功能并无太大区别，其差异是实施途径与商业操作方式发生了显著改变。商品目录、购物车、支付平台及后勤服务体系是网上商店的四个主要组成部分。商品目录的功能是让消费者以简便的方法查找自己所需的物品，并且能从文字说明、图片展示和消费者评价等方面全面了解商品的各项资料。而购物车是用于联系店铺与个体的，顾客可将其所需要的商品放入购物车，也可以将购物车中的商品取出，直到最后付款。付款是顾客网上购物的最后环节，需要其在付款平台上选择付款方式，输入自己的账号和密码即可完成付款。以上操作都可在网上完成，但是网上商店的成功运作还需要一个用来处理顾客订单、安排发货、监控库存、处理客户投诉、进行销售预测与分析等的后台管理系统。

企业进行在线销售的途径主要有两种：一是通过网络建立自己的网络店铺，二是加入网络商城。事实上，大部分企业在进行网络营销时，并非只采取单一的模式，而是采取整合的模式，也就是将多种模式组合在一起。例如，Golf Web（高尔夫网）以整合的模式来运作。这个站点40%的收益来源于会员费和服务费，35%来源于广告，25%来源于专门的网店。

有形产品及服务的线上交易为企业拓宽了营销途径，增加了市场机遇，相对于传统的商店式营销而言，即便公司的规模不大，其网络营销也能将生意延伸至全球各地。网上商店不像实体商店一样有大量的存货，作为一个纯虚拟店铺，它可以通过向制造商或批发商下订单而免去仓储环节，节约了大量的存储费用。

三、B2C 电子商务模式的收益模式

第三方 B2C 电子商务平台的利润主要来源于公司所提供的服务，如通过提供购物、咨询、拍卖等服务收取手续费、会员费；或者因为站点的浏览量和点击量较多，而提供收费广告服务。

（一）产品销售营业收入

以产品交易作为收入的主要来源是多数 B2C 网站采用的模式。这种 B2C 网站又可细分为两种：销售平台式网站和自主销售式网站。

1. 销售平台式网站

销售平台式网站的运作模式与传统零售商的运作模式大相径庭，它不直接从

商品的生产者手中购入商品再销售给消费者,而是充当一个中介平台,为商家提供 B2C 服务。这种平台通过向商家提供一系列服务,收取如虚拟店铺租赁费、交易过程中产生的费用及加盟费用等来获得收入。天猫商城正是这类商业模式的代表,它不仅提供了一个 B2C 交易平台,还针对加入天猫商城的商家收取一定的加盟费。除此之外,为了确保商家能够提供高质量的服务,天猫还根据其所提供服务的不同级别来收取不同的服务费和保证金。例如,一些商家可能会被要求支付更高的服务费,以确保他们能提供更加个性化或专业的客户服务。而对于那些希望在平台上建立品牌形象并提高产品曝光率的商家来说,支付较高的保证金是必要之举。这样的收费结构既保证了天猫作为平台方的盈利能力,也激励了商家提升自身的服务水平,共同维护和完善电商生态系统。

2. 自主销售式网站

在网络零售的领域里,自主销售式网站与传统销售平台有着本质的区别。自主销售式网站要求企业将自己的产品直接展示在网站上进行销售,而不是借助第三方平台来推广和分销。这样做虽然能够确保消费者更直观、更便捷地购买到商品,但随之而来的是更高的运营成本。为了应对这一挑战,自主销售式网站必须精心策划和执行高效的产品供应策略,需要通过多种途径寻找优质的供应商资源,以保证产品的多样性和可靠性。此外,需要建立健全仓储体系和物流分销体系,或与第三方物流企业进行协作,将物流服务外包给这些专业机构。

(二)网络广告收益

在互联网经济中,网络广告收益模式是一种较为常见的经营模式,它通过为消费者提供免费的商品或服务来获取"注意力",在此基础上提供广告投放服务进而获得更多的利润。与传统媒介相比,互联网广告有着得天独厚的优点:首先,互联网广告的传播方式更高效,通常以点击率为依据进行收费;其次,B2C 电商能够依据网站来细分各种商品和服务,从而吸引更多的广告客户。

(三)收取会员费

B2C 网站为成员提供了方便的网上联盟注册流程、准确的网上交易数据及完备的信息保证等。收费会员是网站的主要成员,从某种意义上说,会员的多少直接影响着网站的收入。网站收入的多少在很大程度上由自己的营销工作量来决定。例如，可以适时举行一次折扣活动，为付费的成员提供更好的会员服务，与免费成员区别开，以此吸引更多的会员。

（四）网站间接收益

企业可以通过自己生产和提供的价值转化来实现利润增长，还可以利用价值链上的各个环节，通过优化成本、提高效率，以及增强服务和质量等多种手段，来获得额外利润。

1. 网上支付收益模式

随着 B2C 电子商务平台上用户规模的不断扩大，商家开始寻求多样化的收入来源。网上支付收益模式不仅依赖于交易手续费，还通过沉淀资金利息、增值服务、广告收入等多种方式实现盈利。这种模式具有极强的规模效应，随着用户基数的增加，边际成本递减，平台价值提升，从而进一步增强盈利能力。

2. 网站物流收益模式

在当今的电子商务时代，我国的 B2C 电子商务市场已经取得了长足的发展。据统计，该领域的交易规模已高达数万亿元人民币，这一庞大的数字背后隐藏着一个潜力无限的物流市场。随着电商平台逐渐意识到物流服务的重要性，它们纷纷将其纳入服务范畴内，以此来提升用户体验，提高网站的竞争力和盈利能力。通过将物流服务作为增值项提供给消费者，网站不仅可以从物流环节中赚取利润分成，更重要的是，还能为消费者创造更多的价值，如快速的配送服务、可靠的服务质量以及便捷的退换货机制等。然而，B2C 网站要想真正地把物流配送作为自己的一项核心服务来运营，其成本压力非常大。除了建设专业的物流配送系统所需的巨额资金投入，还需要对整个物流流程进行严格的管理和优化。对于大多数初创期的网站而言，这样的投资无疑是巨大的挑战，它们往往难以承担如此高昂的成本。因此，尽管物流市场的前景广阔，但对大多数网站而言，建立成熟的物流服务体系是非常困难的。

四、B2C 电子商务模式的企业类型

（一）经营离线商店的零售商

这些企业拥有实体店铺和购物中心，网络零售仅是企业拓展市场的一种方式，如一些大型综合超市。

（二）没有离线商店的虚拟零售企业

这一类型的企业是电子商务时代发展的产物，它们的主要业务就是网络零售，如当当网、京东商城等。

（三）商品制造商网上直销

商品制造商采用网上直销模式，既可使消费者享受到更多的优惠，又可减少企业的存货量。以戴尔公司为例，它通过网上直销成为业界领先的生产商之一。

（四）网络交易服务提供商

网络交易服务不仅是一种新型的商业模式，更是现代电子商务领域中不可或缺的一部分。其通常是指专业网络交易平台提供商向买方和卖方提供信息传递、合同订立和保存管理等服务，这些提供商承担着连接买卖双方、保障交易安全与顺畅进行的重要职责。网络交易服务提供商，即那些为了营利而运营网络交易平台的企业法人。这些企业不仅提供技术和平台支持，还致力于简化交易流程，通过专业服务确保买卖双方都能在互联网上安全、高效地完成商品交易。

从 B2C 的发展趋势来看，由于在线消费者对网上购物的了解越来越详细，他们的网购行为也变得越来越理智，因此质量和服务对消费者网购的选择产生了很大的影响，而对质量的高要求也会促进 B2C 电商的快速发展。在网上购物方面，B2C 的比重在不断上升。从未来的发展态势来看，将会出现电商渠道下沉、跨境进口电商集中爆发、移动电商成为主流、线上线下相结合等现象。

第四节　C2C 电子商务模式

一、C2C 电子商务模式的概念

C2C（Customer to Customer）电子商务模式，是指把"跳蚤市场"搬到互联网上，为广大消费者搭建一个"一对一"的买卖平台，使大量消费者在自愿的情况下，通过双方讨价还价，公开、公平、公正地进行投标，使所有消费者都能参与这个交易。其特征与农贸市场或旧货市场相似，但其组成元素除包含买方与卖方，还包含电商平台供应商。C2C 电子商务模式的发展使参加交易的消费者越来越多，空间也越来越大，这就产生了最为现实的"一手交钱，一手交货"的交易。

在 C2C 电子商务模式中，电商交易平台起到了关键作用，理由如下：

（1）在互联网上，如果没有一个信誉良好、值得信赖的供应商为买方和卖方搭建连接双方的平台，那么他们只能在网上盲目地寻找对方，从而错失很多商机。

（2）电商交易平台担负着监督和管理的责任，需要对买方和卖方的信誉进行监管，对贸易活动进行监测，尽量减少诸如诈骗之类的问题，保障买方和卖方的权利。

（3）电商交易平台也可以向买方和卖方提供技术支持，包括协助卖方开设私人商店、公布商品资料、制定价格战略等，协助买方比对和挑选商品，并进行网上付款。在这种新技术的支持下，C2C 电子商务模式在较短时间内就被大多数使用者所认可。

因此，电商交易平台是 C2C 电子商务模式最关键的一环，关系到此商业模式能否成功。

二、C2C 电子商务模式的主要运作模式

（一）拍卖平台运作模式

现今，拍拍网和淘宝拍卖都是在线竞拍的网站，它们通过多媒体技术展示商品信息，以供买方选择，然后由卖方依据购买者的口碑和报价，将商品售出。同

时，该网站自身并不介入销售，免去复杂的采购、销售、物流等操作，仅通过互联网提供资讯服务以及作为中间商向卖方收费。

网络拍卖是对传统拍卖方式的一种补充。卖方可以在在线拍卖平台上陈列产品信息，这样避免了传统的物品搬运，同时竞拍方也可以通过互联网实现在线竞价。这一模式的发起者是常规的竞价中介和平台服务商。

（二）店铺平台运作模式

店铺平台运作模式由电商企业为个体开设商铺提供平台，采用会员制的形式进行收费，还可以收取宣传费或者其他服务费，这样的平台又被称为网上商城。个人在网上商城开展网络购物活动，一方面，是基于网上商城的基础设施与服务；另一方面，消费者是网上商城的主要访问者，所以网上商城的选取十分关键。各网上商城在功能、服务、经营模式等方面都存在很大的差异，理想的网上商城应具备以下特点：

（1）品牌形象优良，在市场上具有良好的声誉和认知度的网上商城可以为消费者的选择提供保障；申请手续简便，对商家来说，申请入驻或开通店铺的手续简便，能够降低进入门槛，吸引更多合作伙伴；后台技术先进，稳定性好、界面友好、功能强大的后台管理系统，能够方便商家管理店铺、商品和订单；服务快捷周到，为商家和消费者提供快速、贴心的服务，包括快速响应问题、高效处理售后等；付款系统健全，提供多样化、安全可靠的支付方式，确保消费者购物支付的便捷性和安全性；售后服务保障，为消费者提供完善的售后服务体系，包括退换货政策、投诉处理机制等，增强消费者购物信心等。

（2）具有较大的客流量，具备高超的店铺管理、订单维护等基础能力，还能为店铺提供推广服务，如广告投放、社交媒体营销等，帮助店铺增加曝光和吸引更多客流量；客流量分析服务，如提供数据分析工具和报告，帮助商家了解客户行为、购买习惯，从而优化产品定位和营销策略等。

三、C2C 电子商务模式的交易过程

C2C 电子商务模式的交易过程如下：

（1）买家搜寻。在搜寻的时候搜寻词要清楚、巧用空格、精确查找，不用顾虑大小写。

（2）联系卖家。在看到感兴趣的商品时，先和卖家取得联系，多了解商品的细节。多沟通能增进对卖家和商品的了解，避免很多误会。可以发站内信、给卖家留言或利用聊天工具。

（3）当买家和卖家达成共识后，确定购买。

（4）测评。买家收到货物后，可以对货物及卖家服务做出评价。若对商品非常不满，可提出退换要求。

四、C2C 电子商务模式的盈利模式

C2C 电子商务模式的盈利模式核心在于构建一套有效的价值创造结构，该结构由若干基本要素组成，具体包括利润对象、利润点、利润源、利润杠杆及利润屏障。几乎每一种盈利模式都是基于这些要素的不同形式与组合方式而构建起来的。这些要素在盈利模式中的合理配置与协同作用，共同支撑和推动了企业盈利能力的提升与发展。

（一）利润对象

利润对象是指购买与使用商户所提供商品或服务的客户群体，他们构成了商户利润的核心来源，是商户实现盈利目标的根本所在。确定利润对象的过程，实质上是在明确应当向哪些用户群体提供价值，以实现商业利益的最大化。网上商店的目标受众群是大学生和年轻上班族这类群体。"截至 2023 年 12 月，我国网络购物用户规模达 9.15 亿人，较 2022 年 12 月增长 6967 万人，占网民整体的 83.8%。"[1] 大学生和年轻上班族对于网络的应用已经到了炉火纯青的地步，从 QQ、BBS（网络论坛）、个人网站到个人博客，他们始终站在互联网应用的最前沿。这部分人群时尚触角敏锐，善于接受新的购物方式，是网购的主流人群。商户要经常对网上消费群体进行调查分析，包括年龄结构、知识层次、消费习惯等，掌握了主流网民的基本特征，就可以根据自己的实际情况来确定销售方案。

（二）利润点

利润点，即商户能够从中获得经济收益的特定产品或服务。要想确立优质的

---

[1] 中商情报网.2023 年我国网络购物用户规模达 9.15 亿 占网民整体的 83.8%[EB/OL].（2024-03-27）[2024-3-28].https://www.163.com/dy/article/IU9DML8H051481OF.html.

利润点，首要之务在于深入洞察并明确客户的具体需求与偏好。其次，必须致力于为构成利润源的客户群体创造实实在在的价值。同时，需确保这些利润点能够为商户自身带来可观的经济回报。

对于网店而言，其利润点就是所销售的各类商品。然而，并非所有商品均适宜在网络平台上进行销售。因此，在开设网店之前，必须进行深入的分析与研判，以确定哪些商品更适合通过网络渠道进行销售。

1. 适合网上销售的商品

适宜于网络销售的商品一般应具备以下特征：

（1）体积较小，便于运输。

（2）具有较高的附加值，单件商品的价格要高于运费，能够确保盈利。

（3）具备独特性或时尚性，能够吸引消费者的目光并促进销售。

（4）价格实惠，与实体店相比具有竞争优势，从而能够吸引消费者选择在线购买。

（5）商品信息通过网站展示即可激发消费者的购买欲望，无须实地查看即可建立购买信任。

（6）具有稀缺性，如外贸订单产品或直接从国外引进的商品，能够满足消费者的独特需求。

基于以上特征，目前适宜网络销售的商品主要包括服饰、首饰、化妆品、数码产品、生鲜产品、手机及其配件、保健品、工艺品以及体育与旅游用品等。网上销售时，对不适宜网上销售的产品要坚决杜绝，还要严格遵守国家有关规定，不得出售下列产品：

（1）根据相关法律法规的规定，禁止或限制销售的商品包括但不限于管制刀具、文物等。

（2）为确保市场秩序和消费者权益，严禁销售假冒伪劣商品。

（3）其他不适合网上销售的商品，如股票、债券和抵押品、偷盗品、走私品或者以其他非法来源获得的商品。

2. 网上开店的进货渠道

确定了网店要卖什么，接下来就是去找性价比高的货源。在网络上开设店铺，由于手续比较简便，因此，店家可以根据自己所找到的货源来决定自己的运营方向，在网络上开设店铺，大概有以下几种可以获得货源的方式：

（1）从批发市场进货是大部分网店的主要进货方式。如果开服装店，可以去服装批发市场逛一逛，寻找适合本店的货源。在批发市场，砍价是一种很常见的进货方法，砍价能让商家获得更实惠的货品。如果批发商的货品优质、价格低廉，可考虑与其建立长期的供应关系，同时要和批发商交涉好调换货问题。

（2）商家也可以直接找到生产厂家的联系方式，从生产厂家那里进货。这种进货方式有显著的优势，可以使商家拿到最低价的货品，大大降低了商家的成本，但也有一个明显的缺点，即生产厂家会要求商家将进货金额一次付清。

（3）商家可以采购外贸产品和OEM（原始委托商）产品。此类产品具有价格低廉、品质上乘的优点，因此网店经营者可以考虑售卖此类商品。

（4）库存产品或清仓处理产品。由于商家急于处理这类商品，其价格通常极低。具备砍价能力的经营者可以以较低的价格购入，并通过网上销售赚取地域或时空差价，从而获得丰厚的利润。

（5）特殊进货渠道。如经营者可在国外朋友的帮助下购进国内市场上较为稀缺的商品，以丰富店铺的商品种类。

（三）利润源

经营者的收益来源，即利润源。利润源是指经营者通过什么途径获得经济利益。对网上商店来说，其利润源是出售商品所获得的收益。为了提高销售额，确定产品的网络销售价格非常重要。网络商品定价可参考以下几条经验：

（1）销售价格需确保商户的基本利润点，既不可轻易降价，以免损害利润空间，亦不可定价过高，以免抑制消费者的购买意愿，一旦确定价格后应保持稳定，避免频繁调整。

（2）在核算成本时，应考量运费，确保包含运费的商品价格低于市面同类商品，以增强商品的竞争力。

（3）对于市场上较为稀缺、实体店难以购得的时尚类商品，其定价可略高，以体现商品的独特性和价值。定价过低反而可能会降低消费者对商品品质与价值的认同感。

（4）店内商品经营注重差异化策略，店内商品既要包含高价位精品，也要涵盖低价位实惠商品，以满足不同消费者的需求。在特定促销活动中，可以将部分商品以成本价销售，以吸引顾客目光，提升店铺曝光率。

（5）对于不确定网上定价的商品，经营者可以在比较专业的购物网站上进行查询。输入所经营商品的名称，经营者就可以在查询结果中了解到同类商品在市场上的报价情况，进而为自己的商品确定合理的价格。

（6）若可以接受远低于市场售价的定价，建议采用一口价方式，确保交易快捷、明确。若对市场定价把握不够准确或希望吸引更多潜在买家，则可以考虑采用竞价方式，通过市场竞争来确定最终的交易价格。

（7）定价务必清晰明了，务必明确定价是否包含运费，以避免潜在纠纷，进而维护自身声誉。模糊的定价可能会导致潜在客户的流失，影响销售量。

为了提升顾客支付的便捷性，经营者应开通多样化的支付方式，以满足不同顾客的支付习惯和需求。仅提供单一的支付方式可能会使顾客因支付不便而放弃购买商品。通常而言，建议使用网上支付的方式，这样会使交易更便捷。

（四）利润杠杆

利润杠杆是企业生产产品或服务以及吸引客户购买和使用企业产品或服务的一系列相关活动，它必须与企业的价值结构相关，同时，回答了企业能够提供的关键活动有哪些。

1. 搜索引擎优化

搜索引擎优化，就是根据搜索引擎的工作机理，合理地规划和执行网站文本内容、网站结构、网站之间的交互策略，以提高网站在搜索引擎上的排名和曝光度，进而提高用户对网站的关注度和搜索率。搜索引擎优化与搜索引擎技术的发展密切相关，是对搜索引擎不断发展的一种促进。

搜索引擎优化适用于拥有独立域名和空间的网店，利用搜索引擎优化技术，能够让潜在的客户利用搜索引擎迅速地找到网店。

2. 广告推广（适合在大型网站开设网店的商户）

（1）有效利用网站内的收费推广机制。在诸如淘宝网、拼多多、京东等知名电商平台上开网店时,可充分利用平台提供的各类广告宣传方式,如加粗标题显示、设置图片橱窗以及占据首页推荐位等,尽管这些服务需支付相应费用,但能有效提升网店曝光度,进而吸引更多潜在顾客浏览。

(2)充分利用网站内的其他推广途径。积极参与平台组织的各类活动,为平台贡献自身力量,有助于获得平台的关注与支持,进而推动网店的推广与宣传。

(3)借助评论留言宣传网店。在评论区或论坛等互动区域,发布网店链接和经营物品,以引起更多评论者的关注,实现网店的宣传目的。

(4)在各大网络平台注册店铺信息,以提升网店在搜索引擎中的排名和曝光度,从而吸引更多潜在顾客通过搜索引擎进入网店浏览和购买。

3.其他推广

(1)论坛推广。在专业论坛推广网店,能够起到精确效果,并且能在更广泛的范围内宣传自己的产品和品牌。

(2)微信、微博推广。利用微信平台或者博客平台建立产品及公司信息库,树立产品品牌形象。

(3)邮件推广。利用电子邮件来推广产品是网店营销常用且简单、较多人使用的方法。

(4)软文推广。网店店主可以写软文,利用优美的文章来宣传产品。

(五)利润屏障

利润屏障,就是商家为了保护自己的利益而建立起来的一道屏障。与利润杠杆一样,利润屏障也要求经营者投入,但是两者的作用有很大的不同。利润杠杆的目的是运用灵活的战略手段,以获得最大的利润;目标是保证现有的利益不受外来竞争对手的侵蚀。利润屏障要解决的问题是商家如何长期营利。对网上商店来说,只有拥有核心竞争力,并且有自己独特的、不可复制的商业战略,才能长久、稳定地营利。通过构筑稳固的利润屏障,网上商店可以有效地应对市场的竞争,保证企业利润稳定增长。

1.常用的网上商店经营策略

(1)由于网购的特点,购买者是不能直接触摸到产品的,因此店家需要拍摄清晰、美观的图片上传到店铺，并附上详细的说明，这样可以极大地提高产品对购买者的吸引力。

（2）网上商店应该丰富店内的产品种类，及时更新产品类目。与此同时，新品要设置橱窗置顶，并且要保证产品的数量充足、品质优良。

（3）良好的服务质量是网上商店运营的关键。货物卖出后，要立即联络买家，并发出通知提醒买家注意查收，将物流信息一并发送给买家，这样买家就可以清楚地看到货物的物流情况，随时反馈问题。

（4）网店应高度重视评价管理。在浏览网店时，消费者往往会关注商品的评价信息，通过查看其他购买者的评价来判断商品的质量、服务的好坏以及是否值得购买。因此，一个网店如果拥有大量正面评价，将极大地提升消费者的购买信心，从而增加销量。反之，如果评价不佳，消费者可能会产生疑虑，甚至放弃购买。

另外，评价是网店改进自身服务的重要途径。消费者的评价往往包含了对商品、服务、物流等方面的意见和建议。网店经营者可以通过分析这些评价，找出自身存在的问题和不足，进而采取相应的措施进行改进。这样不仅能提升消费者的满意度，还能增强网店的竞争力。

（5）诚信是网店经营的核心原则。在网络环境中，每个卖家的诚信记录均公开透明，消费者可查阅卖家的历史销售情况及他人评价。不诚信的行为将严重影响网店的经营，而诚信卖家的商品即便价格稍高，也往往能获得消费者的青睐。

（6）新店开业初期，为增加人气，可采用低价促销等方式吸引消费者。随着成交记录的增加和好评的积累，店铺的信誉度将逐渐提升，这样能吸引更多消费者光顾。低价促销活动虽能迅速吸引买家的目光，但店家需做好商品以低价成交的准备。同时，最好配合广告宣传，提高店铺知名度。

（7）制定有效的促销策略是提升销量的重要手段。定期举行折扣优惠、赠送礼品等活动，能够激发消费者的购买欲望。对于回头客，可提供一定的折扣优惠或购物满额赠品等福利，以增强客户黏性。

（8）为提升买家满意度，可在订单中额外赠送小礼品，此举能够给买家带来惊喜，增加其对店铺的好感度。

（9）对于拍下商品但未付款的买家以及给予差评的买家，应给以理解和尊重的态度，积极沟通解决问题，以维护店铺的良好形象。

（10）在选品时，可在网站上搜索同类商品的销售情况及评价等，了解市场需求和竞争态势，从而制定合理的产品定价和店铺设计方案。

（11）网上开店不可能一蹴而就，尤其是在开业初期，卖家应先提高店铺浏览量，积累人气。在此过程中，应积极向其他卖家求取经验，根据市场变化调整经营策略，并逐步积累客源。

（12）尽管网上竞价能够吸引更多浏览者，但也可能出现低价成交风险。因此，在设置竞价活动时，应充分考虑商品的成本及利润空间，确保活动的可持续性和营利性。

2. 网上商店的送货方式的选择

目前，网上商店所采取的配送方式主要包括以下几种：

（1）普通包裹服务，采用绿色邮单寄送，预计送达时间为7～15天。

（2）快递包裹服务，其操作方式与普通包裹相似，但寄送速度显著提升。

（3）EMS（邮政特快专递）快递服务，提供送货上门服务，且送达时间更为迅速，但费用相对较高。

（4）挂号信服务，适用于重量较轻、体积较小的物品，一般限制在20克以内，预计送达时间为3～5天。

（5）其他快递服务，要求选择正规、合法的快递公司，相较于EMS，费用可节省约50%。

（6）专人送货服务，对于位于同一城市的顾客，可考虑此项服务，如送货上门、货到付款等服务。

鉴于C2C电子商务模式所蕴含的巨大的盈利潜力，能够为买卖双方以及电子交易平台提供商带来切实的经济效益和利润增长点，因此该模式必将获得广泛的应用。

第五节 O2O 电子商务模式

一、O2O 电子商务模式的概念

O2O（Online to Offline）电子商务模式，即线上到线下。O2O 模式是一种将网上购物和线下体验相结合的新型交易平台。这一模式的核心是，平台通过线上渠道来吸引更多的消费者，引导消费者自己去线下体验。在这种模式中，消费者可以在线上找到自己需要的服务，然后根据线上的指引去线下体验并进行交易和结算，这样就可以快速地扩大消费规模。对商户来说，O2O 模式最吸引人的地方就是它将付费方式和客流疏导机制有机地结合在了一起，使商户既能对促销效果进行定量评价，又能对每次成交进行精确追踪。以移动互联网为支撑的移动设备，如手机、平板，是 O2O 模式的最佳推行载体。

O2O 模式分为两种：一种是把消费者从线上带到线下消费，另一种是把线下的群体带到线上消费。第一种 O2O 模式是指把线上的消费者带到现实的商店中去——在线支付购买商品和服务，再到线下去享受服务。目前，热度较高的团购就是 O2O 模式中的第一种。

二、O2O 电子商务模式的特点与优势

（一）与传统实体企业是合作而非竞争关系

O2O 模式对线下实体企业的资源进行了有效的整合，利用线上平台的优势，来提升实体店的销量。在这种模式下，通过建立线上和线下利益共同体，网络平台和实体店可以共享增值收益。这种模式最大的优点就是，不但可以将互联网的优势发挥出来，还可以对线下的资源进行深层次的挖掘，使线上的用户和线下的货物和服务之间顺畅对接。

（二）体验营销，迎合大众消费心理

一般来说，消费者更喜欢到实体店消费，因为实体店的商品是看得见、摸得着的。而 O2O 模式的体验营销方式正好迎合了消费者的这一心理，其融合了线

上营销、线下购买，既可以让消费者在线上提前了解商品的有关信息，又可以让消费者在线下感受商品的品质，进而提升消费者的购物体验。

（三）在线支付，形成闭环的消费链条

在线支付机制成功构建了一个完整的消费闭环，确保了交易的真实性与完整性，从而成为衡量消费数据最为可靠且唯一的考核标准。O2O 模式采取在线预付的方式，这一方式不仅能直观地统计和追踪商家的营销效果，而且有效地规避了传统营销模式中推广效果不可预测的风险，并把网上订购和离线消费进行了密切的联系，从而实现了对各种消费行为的准确统计。这种模式的推行，不但可以让更多的企业参与进来，而且可以给消费者带来更多、更好的商品与服务。

三、我国 O2O 电子商务模式的发展现状

我国最早的 O2O 电子商务模式是携程网的运营模式，其主要是将信息流聚集在一个平台上，传递给消费者，并没有涉及线上资金流和服务流的传递。随着团购网站的出现，实现了资金流和信息流的线上传递、商业流和服务流的线下传递，这在一定程度上提高了消费者与商家的黏度，实现了 O2O 模式的一种创新。目前的 O2O 电子商务模式已经渗透到我们生活的方方面面，越来越多的客户端被开发出来，如饿了么、美团等。与此同时，O2O 模式的企业也在不断地开发新的领域，抢占潜在市场，越来越多的投资资金进入了 O2O 信息平台，O2O 将进入新一轮的发展。《2019 上半年中国本地生活服务行业洞察》显示，"中国本地生活服务市场 2019 上半年的线上交易规模达到 9 159.8 亿元人民币，其中美团外卖市场份额为 52%，饿了么市场份额为 43.9%。在月度活跃用户数量上，饿了么 2019 年 5 月数据已超 6 000 万人，美团外卖 2019 年 5 月月活约 3 700 万人"[①]。

四、影响 O2O 电子商务模式发展的因素

O2O 电子商务模式作为当前发展的一个新趋势，影响其发展的因素主要包括宏观环境、市场竞争和企业自身管理三个方面：

---

① 36 氪.易观：中国本地生活服务市场 2019 上半年线上交易规模达 9159.8 亿元 [EB/OL].（2019-06-27）[2024-02-02].https://36kr.com/newsflashes/173378.

（一）宏观环境

宏观环境包括以下几个方面：

（1）稳定的政治环境为O2O电商的健康发展提供了肥沃的土壤，而现有政策的侧重点也会对商业活动与政策取向的一致性产生深远的影响。例如，目前我国对高科技企业的大力扶持无疑为O2O电商的健康发展奠定了坚实的基础。

（2）唯有快速的经济增长，方能推动消费水平的提升，进而为O2O电子商务模式创造更为广阔的市场空间。

（3）科学技术的发展，尤其是网络技术的不断发展，是O2O模式演化的关键因素。考虑到信息平台的构建是影响电子商务发展的一个重要因素，O2O电商发展的核心是提高网络信息的传播速度，而这些都有赖于科技的不断创新和进步。

（4）法律环境的完备与否，对O2O电商平台上网上支付的安全性有很大的影响。法治环境在很大程度上决定着电子支付系统是否安全。

（5）文化因素，尤其是消费者的文化认知，影响着其对O2O消费方式的接受程度，并直接关系到O2O模式的发展前景。

（二）市场竞争

尽管大环境总体良好，但O2O模式能否良性发展仍受多种因素的制约，这包括目前市场的总体供求情况和这种模式的实际收益。

（1）通过对已有的交易数据进行深度分析可以发现，O2O模式的发展空间相当大。与此同时，通过对中国家庭消费支出与国际上相关数据的比较，可以看出中国家庭消费市场还有很大的开发空间。由此可见，中国居民的消费理念是更注重品质，这也为O2O模式带来了巨大的市场。

（2）纵观目前电子商务产业的发展状况，进入O2O模式的新电商公司越来越多，足以说明O2O模式具有很大的发展前景。

（三）企业自身管理

一个企业的O2O模式能否取得良好的发展，深受企业自身经营管理的影响。具体而言，以下几个方面对企业的O2O模式的发展起着至关重要的作用：

（1）线下商家的服务态度和质量是影响O2O模式发展的关键因素。在O2O模式中，线上平台只是线下服务扩展的一种手段，而真正决定消费者满意度的是线下商家的服务态度和质量。

（2）如何有效地管理好电商平台的内部风险，尤其是在O2O平台上，如何有效地控制平台上的付款风险，是实现O2O模式的关键。在保证支付安全的前提下，这种模式才会吸引更多的消费者加入。

（3）O2O模式下，商家的声誉也非常重要。在网络环境中，企业的不良信息和有利信息会快速蔓延，若不注重构建与维护企业声誉，那么企业就会被市场淘汰。

（4）在O2O模式下，人才是关键。其中既有技术方面的人才，也有管理方面的人才。技术人才可以帮助企业构建信息平台、控制风险，而管理人才可以帮助企业发掘O2O模式的潜力。

总之，O2O模式中的产品与服务质量、信息化平台的构建、支付安全的保证、人才的储备等都是O2O模式能否快速发展的关键。

第六节　其他电子商务模式

一、B2G模式

B2G（Business to Government）是指企业和政府部门之间进行的电子商务行为。在B2G模式中，政府通过国际互联网公布采购详情，在网络上进行公开招标，企业则在网络上参与竞标。因为B2G是与政府进行的一种电子商务，它的主要作用是提高政府采购的效率，并没有盈利，所以它没有对整个电子商务产业产生冲击。B2G平台是一种以效率高、速度快、信息量大为特征的企业和政府间的信息交流平台。企业可以通过这一平台，及时掌握政府的动态，同时该平台有利于提高政府工作的透明度与公开性。中国采购与招标网就是B2G模式的一个典型应用范例。

B2G模式可以使政府更好地发挥宏观调控、规范引导、监督管理等功能，并借助互联网平台进行更及时和全面的信息采集和决策。在这一过程中，政府既是促进者，又是经营者，也是规制市场的重要力量。通过 B2G 模式，政府可以在网络上建立起一个良好的形象，起到示范作用，促进电子商务健康发展。通过 B2G 模式，可以实现对企业的进出口许可、统计等方面的行政管理，从而提高政务服务的效率与品质。

二、B2F 模式

B2F（Business to Family）模式，是根据交易目标进行划分的，它吸收了目前已有的 B2B、B2C、C2C 等多种电子商务模式的优点，并将其与区域特点相结合，由此发展出的一种电子商务的升级模式。在 B2F 模式中，商业组织以家庭为单位进行交易，以方便的购物形式来指导和推动家庭消费。B2F 的"一站式"服务、高效免费的物流服务、安全可靠的现金结算方式，为其赢得了更大的市场份额，使企业能够更好地服务于家用消费品市场。这种模式的市场推广方式是以商品目录、网上销售为主，利用 DM（直接函件）、互联网等渠道进行更大范围、更有深度的营销。

三、C2B 模式

C2B（Consumer to Business），又叫 C2T（Consumer to Team），即消费者对企业的集合竞价模式，又叫作团购模式，就是将零散的消费者及其购买需求聚合起来，形成较大批量的购买订单，从而可以得到厂商的批发价和较低的折扣价，商家也可以从大批量的订单中享受到薄利多销的优惠，实现消费者与商家的双赢。

C2B 模式以顾客需求为导向，以定制化的服务来满足顾客的个性化和多元化需要。

作为 C2B 商业模式中的一种重要形式，团购在我国已被普遍采用。基于价格的团购、基于产品的团购和个性化定制是 C2B 商业模式发展的三个阶段。

在基于价格的团购阶段，消费者的注意力集中在价格因素上，借助团购平台，以较低的价格购买自己需要的产品和服务。由于该模式可以有效地减少消费者的购物成本，因此该模式在初始阶段就能吸引大批的消费者。但是，在日益激烈的市场竞争及多元化的消费需求下，单凭价格优势已很难对消费者产生持久的吸引力，由此产生了基于产品的团购模式。在该阶段，各大团购平台都开始重视产品质量与个性，以高质量的商品来吸引消费者。消费者在购买产品和服务的时候，不仅会考虑价格，还会考虑质量、功能、品牌。该模式可以更好地满足消费者的需要，提升消费者的购物体验。个性化定制是C2B商业模式发展到最高级的阶段。团购平台针对不同用户的特定需求与喜好，为用户提供个性化的产品或服务。

四、G2C 模式

G2C（Government to Citizen），即"电子政务"，是指通过电子网络平台在政府和公众间进行的一种公共服务体系。在这一架构之下，政府向民众提供的是多元化、涉及面广、影响范围广的服务。它的主要用途有公共信息服务、电子医疗服务、电子就业服务、电子税务、电子交通管理、电子民主管理、电子教育等。另外，G2C电子政务还努力拓宽群众对政治问题的参与途径，满足了群众的利益表达诉求，是政府和群众进行互动的电子平台，有利于推动双方深入交流。

G2C模式建设的主要目的是推动社会公众和政府之间的有效交互和优化网上办事流程。特别是居民可以在电子政务平台上，方便地办理各种手续，如许可证和证书的更新、税务申报等，G2C模式不但大大提高了工作人员的工作效率，也降低了工作的难度。另外，G2C模式还通过网站扩大了市民的资讯来源，加深了市民对政务信息的了解程度。同时，G2C服务突破了以部门为主的行政管理方式，降低了政府职能的重叠率，提高了服务的效率和便利性。一些提倡G2C模式的人主张推行电子政务应该以建设"一站式办公"平台为目标，向社会公众提供多任务集成网上服务，尤其是在多个部门协作的情况下，不再让人们单独与各部门对接，使办事程序得到简化和优化。G2C模式的另外一个潜在的优点是，它可以帮助人们超越时空的局限，促进民众的沟通和互动，从而提高民众参与政治的积极性，推动民主发展。

五、B2B2C 模式

B2B2C（Business to Business to Customer）是一种新兴的网上贸易模式。在

该模式中，第一个"B"表示的是提供各种产品或服务的供应商；第二个"B"指的是 B2B2C 电商服务提供者，其在对产品、服务和消费者终端进行统一的管理和运作的过程中，起到了连接供应商和消费者的作用；"C"指的是以"B"为基础建立起来的统一电商平台上的最终消费群体。B2B2C 模式是对传统 B2B 模式和 B2C 模式的一种创新和升级，电子商务公司在这种模式下，可以为供应商和消费者提供统一、高效的服务。

B2B2C 电商模式可以分为两种：第一种是价格对比型购物方式，也就是通过对网络上许多商家的产品价格进行全面的分析和比较，帮助消费者找到价格最低的产品；第二种是网站对比型购物方式，也就是 B2B2C 网站对网络商家进行严格的筛选，将口碑好的网络商家推荐给消费者，消费者在购买商品时也能得到一定的折扣。这两种 B2B2C 电商模式的侧重点虽然有区别（前者更注重价格的对比，而后者更注重商家的品牌声誉和服务品质），但都是为了给消费者提供更方便、更高质的购物体验。

六、B2M 模式

B2M（Business to Marketing），是一种以市场为导向、以顾客需求为中心建立销售网站的商业模式。B2M 电子商务公司通过线上、线下等方式来广泛宣传销售网站，规范导购管理，使销售网站成为公司的核心营销渠道。与搭建销售网站的传统电商模式相比，B2M 模式将重点更多地放在了对线上营销的深入研究上，从而使企业的网上营销渠道得到了拓展。

B2M 电子商务模式与 B2B、B2C、C2C 相比，针对的顾客群有着根本的不同。后者的顾客群以消费者群体为主，而 B2M 是以企业、产品销售者或他们的员工为顾客群。销售网站的"站长"为社区的消费者服务，消费者可以通过网站在线上预订，在线下进行交易，这样就可以解决消费者对于网络购物品质的担忧。另外，B2M 模式还有一个很大的优点就是它可以向线下扩展。在传统的 B2B、B2C、C2C 电子商务中，买卖双方都处于网络环境中，而 B2M 模式可以把网上的产品和服务的信息导入线下，这样，企业就能向更多的人提供产品和服务。

【实训案例】

阿里巴巴平台交易实训

阿里巴巴中国站为阿里巴巴 1688 网站，可注册的会员有普通会员和诚信通会员两种。普通会员享受免费服务；诚信通会员于 2002 年 3 月推出，收取会员费。阿里巴巴为诚信通会员提供旺铺，旺铺域名可以为二级域名，如"http：// 用户名 .cn.1688.com"，也可以是 WWW 下的一级域名。

下文为某企业在阿里巴巴 1688 网站注册普通会员、发布供应或需求信息的操作步骤。

一、采购流程

（一）注册普通会员

注册普通会员时，用户只需在阿里巴巴 1688 网站首页点击"免费注册"，然后填写表单就可以完成注册（现在阿里巴巴和淘宝的会员系统已经打通，用户也可以直接用淘宝账户登录）。

（二）找货源，填写询价单

会员在平台上寻找货源，可以在搜索到货源或供应商后直接询价，也可以发布询价单等待卖家反馈。

（1）在阿里巴巴 1688 网站首页的搜索框上方，选择"货源"或"工厂"。选择一个合适的供应商，之后选择"在线询价"→"新建询价单"，填写询价单。

（2）在阿里巴巴 1688 网站首页登录"我的阿里"。在"我的阿里"卖家工作台选择"发布询价单"，填写询价单。发布询价单后，等待卖家反馈。相应的供应商看到会员发布的信息后，就会通过阿里旺旺、站内留言等方式与会员联系，买卖双方可以进行贸易磋商，达成一致后即可成交。

二、销售流程

用户在阿里巴巴平台上销售产品有两种方式：一是直接发布产品供应信息，

等待买家与自己联系；二是搜索求购信息，主动与买家联系。

（一）直接发布产品供应信息，等待买家与自己联系

（1）发布信息。在"我的阿里"卖家工作台页面中，点击"我的阿里"→"卖家中心"→"发布供应产品"，进入选择类目页面。

（2）选择类目。在选择类目页面选好类目后，点击"下一步，填写信息详情"，进入产品详情页面。在填写完详细信息后，用户可选择预览这条信息，之后点击"同意服务条款，我要发布"，此时，系统会提示"恭喜，您的信息已发布成功并提交审核"。如果审核通过，则该信息发布成功。

（二）搜索求购信息，主动与买家联系

（1）选择求购商。在阿里巴巴 1688 网站首页搜索框上方选择"求购"，再输入产品品类，点击"搜索"，此时所有发布了该产品求购信息的买家都会被列出。

（2）点击信息标题，即可看到采购详情。普通会员没有权限查看买家的联系方式；诚信通会员可以在选中某条信息后点击"立刻报价"查看报价，之后再进行后续操作即可。

【思考讨论】

写出在阿里巴巴 1688 网站上采购和销售的流程。

【归纳提高】

本章着重阐述了电子商务模式。电子商务模式是指在网络环境中基于一定技术基础的商务运作方式和盈利模式。它是关于企业如何开展电子商务获得盈利，从而生存下去，以及电子化企业如何运用资讯科技与互联网来经营企业的方式。本章介绍了电子商务产生以来常见的 B2B、B2C、C2C 模式以及一些新兴的电子商务模式，如 O2O 模式等。

【思考题】

（1）B2C 电子商务的盈利模式是什么？

（2）网上开店要注意的事项有哪些？

（3）简述 O2O 电子商务模式。

（4）O2O 模式和 B2C 模式有什么区别？

（5）电子商务模式有哪些划分？请举例说明。

第三章 电子商务技术

现代信息技术的快速发展有助于电子商务优化经营模式、拓展营销与商品运输手段。本章主要介绍电子商务技术，内容涉及计算机网络技术、电子数据交换技术及数据库技术。

【知识点框架图】

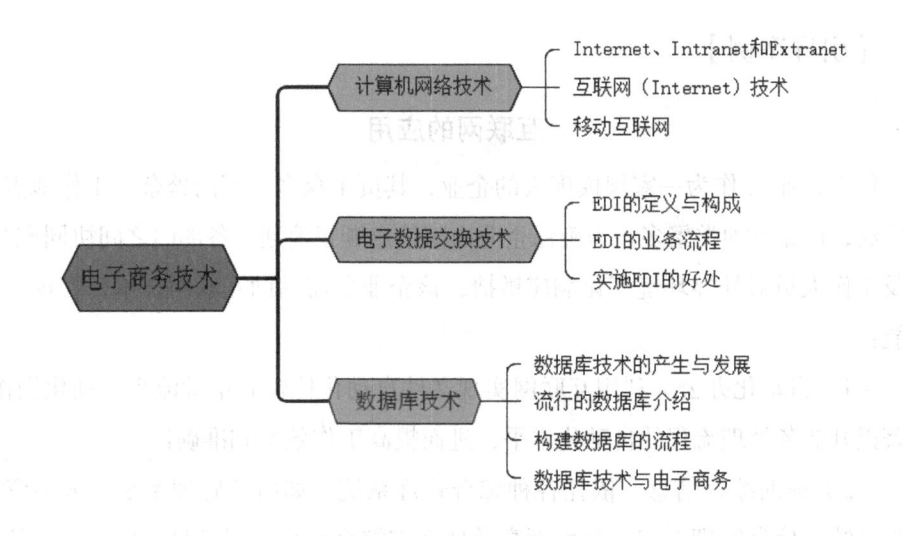

```
                    ┌─ Internet、Intranet和Extranet
        ┌─ 计算机网络技术 ─┼─ 互联网（Internet）技术
        │            └─ 移动互联网
        │
        │            ┌─ EDI的定义与构成
电子商务技术 ─┼─ 电子数据交换技术 ─┼─ EDI的业务流程
        │            └─ 实施EDI的好处
        │
        │          ┌─ 数据库技术的产生与发展
        └─ 数据库技术 ─┼─ 流行的数据库介绍
                   ├─ 构建数据库的流程
                   └─ 数据库技术与电子商务
```

【学习目标】

一、知识目标

（1）了解互联网的基础知识，熟悉计算机网络技术等。

（2）熟悉 EDI 技术，了解 EDI 的定义与构成、EDI 的业务流程、EDI 的实施效益等。

（3）了解数据库技术。

二、技能目标

（1）了解互联网基础知识，尝试设置本机的 IP 地址和配置 DNS。

（2）能够以实例的形式描述 EDI 的工作过程。

（3）掌握数据挖掘的过程。

【引导案例】

互联网的应用

供电企业 A 作为一家规模庞大的企业，其员工众多、部门繁杂、工作地点分布广泛，且业务种类繁多。为确保企业内部信息顺畅流通、各部门之间协同配合，以及工作人员对外界环境变化响应敏捷，该企业急需借助互联网技术，实现以下功能：

（1）自动化办公。利用互联网实现文件自动化传输和审批流程自动化操作，显著提升业务处理流程的自动化水平，进而提高工作效率和准确性。

（2）查询综合信息。依托各种综合管理系统，如财务管理系统、人力资源管理系统、信息管理系统，全面而高效地查询综合信息，以满足不同部门的信息需求。

（3）发布各种信息。利用互联网企业可将会议通知、新闻动态及规章制度等重要信息发布出去，确保将信息及时传给相关人员。

（4）收发电子邮件。员工都有专属的电子信箱，可以高效地与内外部人员沟通交流。

（5）企业内部即时通信。员工可利用企业微信或钉钉进行沟通或工作协同，同时可以结合视频会议系统和网络电话对工作问题进行讨论。

借助互联网，企业的员工每天上班可以了解任务、处理业务、记录结果，即使出差在外，也可上网了解情况或处理业务。

那么，互联网还有哪些方面的应用呢？

第一节　计算机网络技术

一、Internet、Intranet 和 Extranet

（一）Internet

1969 年，美国国防部高级研究计划局（Defense Advanced Research Projects Agency，DARPA）给一个研究和开发项目投资，以创建一个实验性的分组交换网络。该网络的名称是 ARPANET，其目的是研究出各种可靠且独立于厂家的数据通信技术，现代很多数据通信技术都是在该网络中开发的。

这一实验性的 ARPANET 非常成功，很多单位都用它联网进行日常的数据通信。1975 年，ARPANET 从一个实验性网络变成了一个可运行网络，管理该网络的责任落到了美国国防部通信局（Defense Communications Agency，DCA）的肩上。然而，ARPANET 的开发工作并没有停止，它开发了一套在网上交换数据的规则，即现在广为人知的传输控制协议（TCP）和因特网协议（IP），常写为 TCP/IP。

现在，Internet 已经远远超出了其最初的规模，变成了一个世界互联的网络，即我们所称的因特网（互联网）。Internet 采用 TCP/IP 协议，把单个物理网与单个逻辑网相连接。随着 Internet 的快速发展，一些区域性的网站以及一些新兴的机构也纷纷加入了这个网络之中。

Internet 最大的优点就是覆盖范围广，结构也比较开放。因为其开放的结构，很多企业用户和个人用户能够依照相同的技术规范，以较为合理的价格连接到网络。但是，有利也有弊，Internet 的管理比较宽松，网上的内容较为复杂，具有不可控性，信息的保密性也很差。对于电子商务和其他应用来说，网络安全问题是

Internet 主要的缺陷，目前，已经成为企业用户和个人用户进行交易时的最大担忧。

（二）Intranet

Intranet 一般被译为企业内部网、企业内域网、企业内联网等（尚无标准译名），本书中选译为企业内域网。内域网是由某一企业或机构利用互联网的技术，即互联网的标准和协议等建立起来的该企业专用的计算机网络。一般都由该企业自行管理和操作。

在初期，大多数企业的网络是封闭式的、私有的，使用的网络技术也比较复杂。但是，在互联网逐步商业化并成为网络技术主流的发展趋势下，各种网络都向互联网靠拢。企业网络也把目光投向了 Internet 技术。由于互联网成本低，全球联通，使中小型企业与消费者的联系更加紧密，因此互联网为商业创造了无限的机遇。随着时间的推移，越来越多的跨城市和跨国公司开始使用互联网进行大范围的商业数据传输。因为这种公司网络是以互联网为基础的，所以美国人创造性地把它叫作企业内域网，即 Intranet。

因为企业内域网是为企业的内部业务提供服务的，所以对它的安全性和保密性都有很高的要求。在将其接入互联网后，应采取一系列防范措施，以阻止非法用户访问，以及防止公司内部机密数据泄露。为了保证内部局域网的安全，会设置相应的内域网安全硬件、软件措施，也就是人们常说的"防火墙"。防火墙是内域网与互联网连接的重要防御设备。

（三）Extranet

企业外域网（Extranet）与企业内域网（Intranet）相对应，是互联网领域新出现的一个名词。其是一个以协作为特征的网络，目的是使企业与外部商业伙伴进行有效的交流与资源共享。企业在采用互联网技术规范直接建设企业内域网来满足自身业务需要的同时，需要与其他具有紧密关联的外部机构通过网络进行连接，以达到共同的目的，共享有关资源。例如，一个制造企业除了要搭建可以进行内部管理的内域网，还需要与原料供应商、元件供应商、产品批发商、终端用户、金融机构、行政管理部门和税务部门等进行密切的接触，并共享一些重要资料，如产品资料、零部件目录、材料价目表等。网络环境下的公共资源信息的隐私性也非常重要，必须对其进行有效的保护。基于此，一些人提出了一种基于内域网的企业外域网，以此来将不同类型的企业、单位和机构连接起来。从概念上看，企业外域网可看作各个企业内域网的集合。

如今，越来越多的企业开始使用 Internet 技术，并且直接使用 Internet 进行通信，商用 Internet 已成为一个巨大的网络系统，它是由许多企业内域网和企业外域网组成的。在这一系统中，互联网是一个较大的集合体，起到了将各种类型的公司网络连接起来并将其整合的作用。

二、互联网（Internet）技术

（一）互联网（Internet）的通信协议

1. TCP/IP 协议

为保证 Internet 能够正常工作，要求所有接入 Internet 的计算机都使用相同的网络通信协议。这个协议就是 TCP/IP 协议。TCP/IP 协议就是计算机之间的通信规则，它规定了计算机之间通信的所有细节。TCP 被称为传输控制协议，其作用是保证命令或数据能够正确无误地到达目的端。IP 被称为网际协议，位于 TCP 的下一层，负责完成互联网中数据包的路径选择，并跟踪这些数据包到达不同目的端的路径。

2. IP 地址的概念

Internet 地址是用来确定互联网上每台计算机的位置的，它是区别互联网上所有计算机的唯一标志。目前，Internet 地址使用的是 IPv4（IP 第 4 版本）的 IP 地址，由 32 位二进制数组成，通常把它分为 4 组，每组为 8 位二进制数，用十进制来表示，每组数之间用"."分开。IP 地址中的前 5 位用于表示 IP 地址的类别。

3. 域名的概念

IP 地址由数字构成，难以记忆，也难以理解。因此，在实际使用中通常采用域名来标识一个主机。TCP/IP 的名字管理机制称为域名系统（Domain Name System，DNS），这是一个层次型的结构。例如，"www.ruc.edu.cn"这个名字可标识一台主机，其中"cn"表示中国，"edu"表示教育机构，"ruc"表示人民大学，"www"表示这台主机是一台 WWW 服务器。由后向前，所表示的范围越来越小。

（二）互联网（Internet）接入技术

目前，互联网的接入技术主要有以下几种：PSTN 接入、ISDN 接入、专线（DDN）接入、数字用户线路（xDSL）接入、光纤接入和无线接入等。

1. PSTN 接入

PSTN 就是我们熟悉的电信局电话交换网。它接入互联网的方式就是利用普通电话线拨号上网。传统的调制解调器是模拟方式的，它将数字信号调制到 0～4kHz 的话音信道中，以模拟的方式在电话线上传输，到了端局再经过解调恢复成数字信号。目前，最高接入速度为 56kbit/s。

2. ISDN 接入

ISDN（综合业务数字网）也被称为"一线通"，它提供端到端的数字连接，支持一系列的语音和非语音业务。此外，ISDN 接入技术还克服了 PSTN 接入技术不能同时打电话和上网的缺陷。

3. 专线（DDN）接入

数据专线接入（Digital Data Network），即数字数据网，是利用光纤、数字微波或卫星等数字传输通道和数字交叉复用设备组成的，能为用户提供高质量、永久连接的数据传输通道，能够传送各种数据。

4. 数字用户线路（xDSL）接入

xDSL（x 数字用户线路，xDigital Subscriber Line）是以铜电话线为传输介质的传输技术组合，包括普通 DSL、HDSL（对称 DSL）、ADSL（不对称 DSL）、VDSL（甚高比特率 DSL）、SDSL（单线制 DSL）等。它们之间的区别主要体现在信号传输的速度和距离的不同，以及上行速度和下行速度对称性的不同这两个方面。

5. 光纤接入

光纤接入技术是面向未来的光纤到路边（HTTC）和光纤到户（HTTH）的宽带网络接入技术。它是指局端与用户之间完全以光纤作为传输媒体。光纤接入可以分为有源光接入和无源光接入。光纤用户网的主要技术是光波传输技术。

6. 无线接入

无线接入技术分为两类：一是固定接入方式，包括微波、扩频微波、卫星和特高频；二是移动接入方式，包括蜂窝数字分组数据（CDPD）、电路交换蜂窝、专用分组无线传输和个人通信业务。

（三）互联网的服务功能

目前，使用最多和最基本的服务功能主要有以下几种：

1. 万维网（WWW）

WWW 是 Word Wide Web 的简称，可翻译成"环球信息网""万维网"。它已成为互联网上一个引人注目的新的工具，并成为大多数用户最喜欢的信息检索方式。当前，互联网上的各种信息服务都是 WWW（万维网）提供的，Web 页面是 WWW（万维网）服务的基础。每一个网站都是由几个相关的网页组成的，Web 页面中除了有文字、图片、声音等多媒体内容，还有一些链接，这些链接又被称为超文本或超链接。这些链接指向了各种类型的资源，点开链接可能是一个网页、一个文件或网站，这样就把世界各地的万维网服务联系起来了。

2. 电子邮件（Email）

电子邮件是一种利用网络在使用者或使用者群组间传递信息的通信方法。电子邮件具有传送或接收文字、图像、声音等各种信息的能力，是一种快速、方便、可靠、经济有效的现代化通信方式，已经成为全世界互联网用户应用频率很高的主流通信服务。

当人们想要使用电子邮件服务的时候，需要有一个私人邮箱，也就是电子邮箱地址。电子邮箱是为使用者用于接收信件特别设置的板块，它本质上是一种为使用者在与互联网相连的电脑上所指定的储存空间，用以储存使用者的信件，并由电邮系统进行管理。

在电子邮件系统中，邮件的发送与接收是通过"存储转发"来完成的。通过将对应的软件配置到 Internet 通信节点的电脑上，电脑就可以起到"邮局"的作用。电子邮箱是基于电脑发挥作用的。当使用者需要经由互联网传送信息给其他使用者时，必须先与提供电邮服务的电脑连线，然后将电邮的内容和收件者的电邮地址一并递交给电邮系统。在此基础上，该系统实现了从站点到站点的自动投递，全程无人为干预。当通信网站发现使用者所提供的电邮地址有误而不能再传送时，系统会依照设定的程序将原始电邮逐站退回，并清楚说明不能传送的理由。一旦信件顺利到达指定地址的电脑，电脑上的电邮系统就会自动把这封信件保存到收件人的邮箱里。使用者只需要点进电子邮件网站，就可以打开自己的邮箱，方便地查看邮件。

3. 文件传输协议（FTP）

文件传输是指计算机网络上主机之间传送文件，是在文件传输协议 FTP（File Transfer Protocol）的支持下进行的。FTP 是互联网上使用非常广泛的一种通信协议。它是由支持互联网文件传输的各种规则所组成的集合，这些规则使互联网用户可以把一台计算机上的文件拷贝到另一台计算机上，因而它为用户提供了极大的便利。FTP 通常也表示用户执行这个协议所使用的应用程序。使用 FTP 可以传送各种类型的文件，如正文文件、二进制文件、图像文件、声音文件、数据压缩文件等。目前，Windows 操作系统环境中最常用的客户端 FTP 软件有 CUTFTP。

4. 远程登录服务（Telnet）

远程登录服务是一个功能强大的网络工具，可让使用者不受地域限制，直接存取并操控远端电脑。它是以 TCP/IP 协议为基础的，是互联网上的一种通用的远程登录服务。在远程登录服务的帮助下，使用者可在一台电脑上开启远程登录服务客户程序，只需输入该远端电脑的 IP 地址或网域，并提供所需的登入凭证，就能与远端主机建立连接。当连接完成之后，使用者的本地电脑就相当于一台电脑终端，可以远程进行一系列的指令与操作。

5. 布告栏系统（BBS）

布告栏系统是互联网上的一项电子信息服务系统，它的主要功能是为用户提供一个公开的电子白板平台。在这个平台上，人们可以自由地写作，发表自己的意见。大多数的布告栏系统是由教育机构、科研机构和企业经营的。这种布告栏的建立，充分考虑到了大部分布告栏系统使用者的需要和偏好，使用者既可以浏览别人对某一话题的最新看法，又可以在布告栏系统上畅所欲言。

如果使用者有私人通信需要，可以将信息直接传送到其他用户的邮箱。与此同时，如果使用者想要与线上的某个人进行即时沟通，可以开启一个聊天程序，让他们参与进来，哪怕是从未见过面的人，也可以亲密地沟通。在布告栏系统上，人们突破了时空限制，可以对不同的问题进行平等的讨论。

6. 网络新闻服务（Usenet）

网络新闻服务是一种不可见的、为有共同爱好的网民提供信息交换平台的网络服务。这一服务实质上就是一个全球性的电子布告栏系统，让使用者可以分享资讯、交换意见。

网络新闻的组织形式多样，可以依据其内容的不同进行分类。相同兴趣的用户可以通过新闻服务器——网络上特定的计算机装置，参加各种主题讨论会。只要在电脑上装上"新闻阅读器"软件，使用者就可以通过互联网，即时浏览各种资讯。另外，用户也可以通过新闻服务器向外发送自己的意见，并以信息的形式与他人共享，此举进一步丰富了互联网新闻的内容。

三、移动互联网

移动互联网作为移动通信与传统互联网深度融合的结晶，通过无线接入设备实现与互联网的连接，有效促进了移动终端间的数据交互。这一技术的兴起，标志着计算机领域继大型机、小型机、个人电脑以及桌面互联网之后，迎来了第五个技术发展阶段。

（一）移动互联网的定义

移动互联网（Mobile Internet）是指将移动通信技术与互联网技术相结合，形成的一种新兴的网络概念。它继承了移动通信的便携性、实时性和互动性，以及互联网的开放性、共享性和创新性，是移动通信和互联网融合发展的产物。

移动互联网以宽带IP为核心技术，通过移动通信网络（如GSM、CDMA、3G、4G、5G等）接入互联网，提供语音、数据和多媒体等多种开放式电信服务。它涵盖了终端、平台、商业模式和应用等多个层面。

广义的移动互联网：指用户通过手机、平板电脑、笔记本电脑等移动终端，通过无线网络接入互联网，获取信息和服务。狭义的移动互联网：指用户通过手机等移动终端，以无线通信方式访问基于WAP协议的网站或应用。

（二）移动互联网的基本特点

（1）移动互联网的终端具有移动性特征，通过终端设备接入移动互联网的用户往往处于移动状态之中。

（2）移动互联网具有及时性优势，用户能够不受地点限制，随时查询自身或其他终端的信息，及时获取所需的服务与数据。

（3）移动互联网具备便利性，由于移动终端体积较小，业务运作必须力求简单、快速。

（4）业务/终端/网络的强关联性。实现移动互联网服务需要同时具备移动终端、接入网络和运营商提供的业务三个基本条件。

与传统的固定网络相比，移动互联网具有显著的优势，即能够无缝地连接通信与服务，不论用户在哪里，都可以随时获取自己想要的信息；采用了安全、可靠的身份验证机制，保证了用户的信息安全性；能够实时地获得用户和终端的相关数据，从而对整个系统的各个环节进行有效的监控。但是，移动互联网也面临着无线电频谱资源有限、用户隐私数据泄露，以及由于缺少统一的硬件与软件标准而造成的服务互通性差等问题。

移动互联网服务并不是对传统网络服务的简单扩展，它是对各种传统服务的整合和创新，由此产生了大量的创新产品与商业模式。

从技术和产品的角度来看，移动互联网表现出了很强的创新性，例如，使用手机相机扫描商品条形码进行价格查询，利用重力传感器、陀螺仪等传感技术来判断用户目前的方位，从而突破了传统的用户经验限制。

在商业模式方面，移动互联网还展现出独特的创新能力，主要体现在 App Store＋终端营销的商业模式上，以及定位系统与社交网络、游戏和广告等多种要素相结合的应用系统上，为移动互联网的发展注入了新的活力。

（三）移动互联网的架构

1. 移动互联网的技术架构

移动互联网的出现意味着互联网与移动通信的融合进入了一个新的时代，它们之间的融合不仅体现在应用上，还体现在网络、终端等各个方面。考虑到移动互联网的特点和服务模式的要求，移动互联网的技术架构需要具备多种能力，包括内容调整、业务控制、接入控制、资源调度和终端适配等。这种技术架构的建立需要综合考虑多种因素，如终端技术、承载网络技术和服务网络技术。如图

3-1-1 所示，为移动互联网的典型体系架构模型。

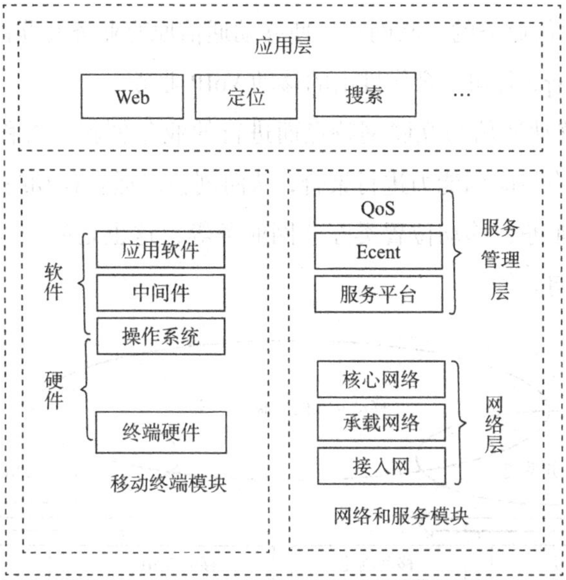

图 3-1-1 移动互联网的典型体系架构模型

（1）应用层：为终端用户提供丰富、多样化的网络应用服务。这些应用服务包括网页浏览、在线视频浏览、内容转载和下载、电子邮件处理等，也包括基于移动互联网的特点形成的定位服务、搜索服务和移动通信业务。

（2）移动终端模块：从上至下包括终端软件架构和终端硬件架构。

终端软件架构包括 App，UI（用户界面），支持底层硬件的驱动、存储和多线程内核等。

终端硬件架构包括终端中实现各种功能的部件。

（3）网络和服务模块：从上至下包括业务应用平台和公共接入网络。

业务应用平台包括业务模块、管理与计费系统、安全评估系统等。

公共接入网络包括接入网、承载网络和核心网络等。

2. 移动互联网的业务体系

移动互联网作为互联网与移动通信的融合体，其服务体系也产生于上述二者。移动互联网的业务模型如图 3-1-2 所示。

移动互联网的业务主要包括以下三类：

（1）固定互联网业务向移动终端的复制。实现移动互联网与固定互联网相似的业务体验，这是移动互联网业务发展的基础。

（2）移动通信业务的互联网化。使移动通信原有业务互联网化，如意大利的"3公司"与"Skype公司"合作推出的移动VoIP业务。

（3）融合移动通信与互联网特点而进行的业务创新。将移动通信的网络能力与互联网的网络与应用能力进行聚合，从而创新出适合移动终端的互联网业务，如移动Web 2.0业务、移动位置类互联网业务等，这也是移动互联网有别于固定互联网的发展方向。

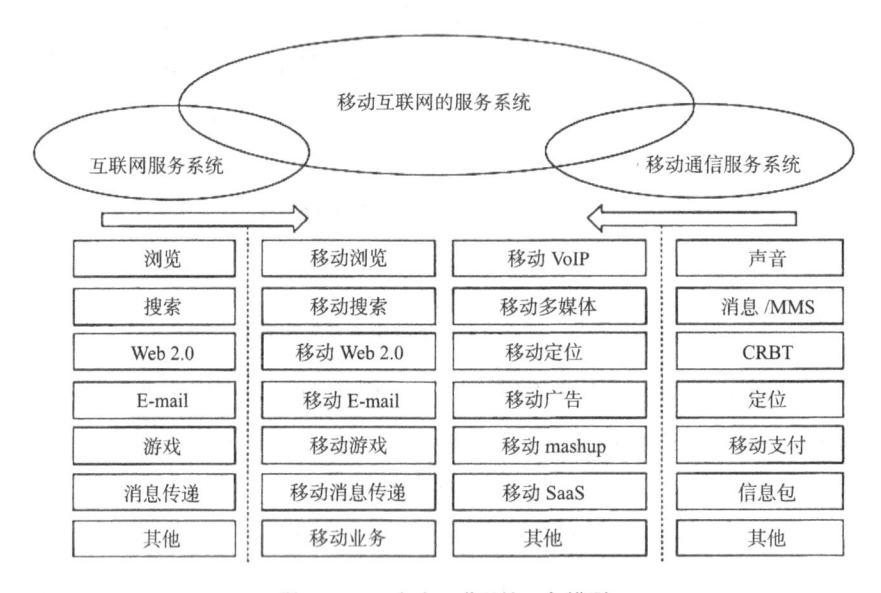

图 3-1-2 移动互联网的业务模型

第二节 电子数据交换技术

一、EDI 的定义与构成

（一）EDI 的定义

联合国贸易法委员会（United Nations Commission on International Trade Law，UNCITRAL）对EDI的定义为：EDI是利用符合标准的结构化的信息从计算机到

计算机之间的电子传输。

国际标准化组织对 EDI 的定义为：为商业或行政事务处理，按照一个公认的标准，形成结构化的事务处理或消息报文格式，是一种从计算机到计算机的数据传输方法。

虽然以上各个组织对 EDI 的具体定义各不相同，但对 EDI 的基本认识还是基本一致的，即 EDI 是指将商业或行政事务处理中的数据按公认的标准，形成结构化的事务处理的报文数据格式，并将报文通过计算机网络在计算机之间进行传输的方法。

EDI 作为一种新型的计算机通信技术，它的使用范围已远远超出了传统的贸易范围。事实上，EDI 在制造、零售、医疗、交通等各个行业都有广阔的应用前景。虽然在大多数情况下，人们提到 EDI，只会想到它在各种经济活动中的具体应用。但 EDI 也可以扩展到除经济领域的其他领域，只要是与计算机有关，并且需要在部门间传输和处理文件或数据的工作都可以使用 EDI。

（二）EDI 的构成

EDI 可以分成三个部分：EDI 的标准、EDI 的软件和 EDI 的硬件。

1.EDI 的标准

EDI 的标准是指用于规范数据格式和顺序的统一准则。EDI 采用格式化的方式交换公司间的文件，计算机能够自动处理这些文件。在人工处理订单的过程中，工作人员能够根据不同形式的订单，提取所需信息，如货物种类、规格、数量、价格及交货日期等。这些信息可以以手工书写或打印的方式呈现，且表述顺序和方式各异。然而，计算机并不具备解读这些不同形式信息的能力。

为使计算机能够准确解析和处理订单信息，需要将相关信息转化为数码形式，并按照预先规定的格式和顺序进行排列。事实上，商务活动中涉及的所有数据和文件内容，均需遵循特定的格式和顺序，以确保计算机能够准确识别和处理。这些由各方共同制定并遵守的格式和顺序准则，即构成了 EDI 标准。通过遵循这一标准，能够确保公司间文件交换的准确性和高效性。

EDI 的标准有四种：企业专用标准、行业标准、国家标准和国际标准。

（1）企业专用标准。是指某一公司在进行计算机化管理过程中，为确保数据或文件的输入具备统一的格式规范而特别制定的标准。此标准专为某公司量身打造，旨在将该公司所有相关数据纳入这一标准化体系之中，以确保信息的准确性和一致性。

（2）行业标准。在商务领域应用EDI的初期阶段，企业间各自维护互不相通的数据标准是普遍现象。然而，随着EDI应用的不断深入，各企业逐渐认识到，将各种不同的企业专用标准统一为一个通用标准，能够为整个行业带来极大的好处。基于这一共同的认知，各企业积极克服在建立统一标准问题上的分歧，最终形成了该行业共同遵守的行业标准。

（3）国家标准。相较于企业专有标准，行业标准的出现无疑是显著的进步。然而，行业标准并非解决所有问题的终极方案。尤其当一家企业的业务范畴跨越多个行业，并与其他行业进行广泛合作时，行业标准的局限性便会逐渐显现，进而导致企业可能被迫同时维护多种不同的标准。鉴于此，正如多个企业专有标准最终形成统一的行业标准一样，不同的行业标准亦将推动各方共同努力，开发出一种能够广泛适用于各个行业的国家标准。此类标准应具备灵活性，以充分满足不同行业的多样化需求。

（4）国际标准。目前，世界上通用的EDI标准有两个：一个是由美国国家标准学会（American National Standards Institute，ANSI）主持制定的X12数据通信标准，主要在北美使用；另一个标准是EDIFACT（EDI for Administration, Commerce and Transportation），最早在西欧使用。近年来，联合国鉴于EDI有助于推动国际贸易程序与文件的简化，经有关标准化组织的努力后，EDIFACT已被作为事实上的EDI国际标准。现在，ANSI X12和EDIFACT这两个标准已经被合并成一套世界通用的EDI标准，可以将现行EDI客户的应用系统有效地移植过来。

2.EDI的软件

在普遍认知中，EDI软件主要是指一种翻译软件，其核心作用在于实现商务文件和单证在不同格式间的转换。具体而言，它能将企业专有的文件格式转化为EDIFACT格式或X12格式等标准格式，也能将标准格式的文件转换为企业所需的专有格式的文件。由于计算机对数据或文件格式有特定要求，因此需要此类翻译软件将文件格式转换成计算机能处理的格式。每个企业因其经营性质及工作要求等方面的不同，在电脑应用系统中，文件的格式常常是不一样的。所以，要想在不同企业之间顺利地进行 EDI 通信，就必须有一个翻译软件，它保证了信息的正确传达与高效处理，是连接各种数据格式的桥梁。EDI 翻译软件不但可以转换文件格式，还可以指导数据传输，确保数据的完整性和准确性。EDI 翻译软件可以掌握不同交易伙伴的标准，并且能够适当地处理各种不同的问题。例如，一家企业可以通过多种增值网络将各种电子单证发送给不同的贸易伙伴，这些电子单证在格式或版本上存在差异，因此确保每个贸易伙伴均能在相应的网络上准确无误地接收到该公司发送的符合特定标准的电子单证，实在是一项复杂且精细的任务，而 EDI 翻译软件则能完成这项任务。此外，一旦在传输或翻译过程中出现任何问题，EDI 翻译软件应能够迅速识别出问题所在，并采取相应的纠正措施。如图 3-2-1 所示，为 EDI 翻译软件工作原理图。

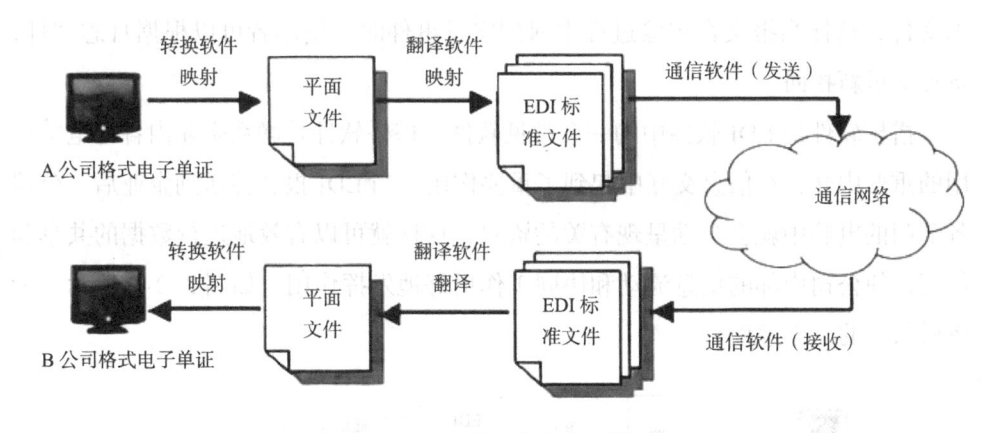

图 3-2-1　EDI 翻译软件工作原理图

一般来说，一个翻译软件应包括五个主要文件，即贸易伙伴文件、标准单据文件、网络文件、安全保密文件、差错管理文件。它们和主处理程序相互作用来完成翻译、发送和接收电子单证的工作。

（1）贸易伙伴文件。贸易伙伴文件详细记录了用户贸易伙伴的全部资料，涵盖其名称、详细地址、专有标识、所使用的增值网、紧急联系人的联络信息。此外，文件还详细列明了发送给各贸易伙伴及从他们处接收的各类单据。如果企业的业务范围持续扩大，贸易伙伴的数量也将不断增多。因此，贸易伙伴文件须定期更新，以确保新贸易伙伴的资料能够被及时登记上。

（2）标准单据文件。工作人员依据标准格式精心编制，并妥善保存的单据文件即标准单据文件。将符合 X12 格式的采购订单放入标准单据文件之中。当与贸易伙伴进行业务往来时，用户可便捷地利用标准单据文件中的采购订单模板，迅速复制出一张标准格式的采购订单，提高业务完成效率。

（3）网络文件。网络文件详细记录了贸易伙伴的网络使用信息，包括传输协议、网络识别码、数据传输速率等信息。根据贸易伙伴所使用的网络信息，用户可以准确判断应向何处以及如何高效传送 EDI 报文，确保信息传输的准确性与高效性。

（4）安全保密文件。安全保密文件的作用就是限制用户对这个系统的访问，并规定每个用户的功能极限。

（5）差错管理文件。差错管理文件完整地记录了报文的所有细节信息，其中包含了发送时的各种重要信息，并给出了退回的原因。文件还提供了详细的日志文件，这样当报文在传输过程中遇到突发事件时，使用者可以根据日志文件，将报文重新找回。

搭桥软件是 EDI 软件中的一个常见软件。搭桥软件是联系企业内各种电脑应用的重要中介，在信息交互中起到了重要作用。当 EDI 报文传送到企业后，公司各部门的电脑中就会自动呈现有关的资料，这样就可以有效地进行数据的共享和使用，使公司内部的信息流动和协同工作更好地发挥作用。如图 3-2-2 所示，为搭桥软件的工作过程。

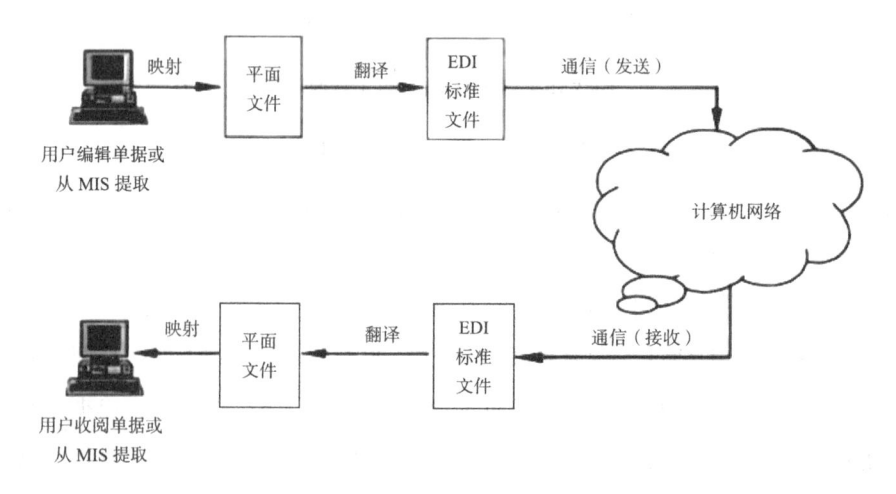

图 3-2-2　搭桥软件工作过程

例如，当一个公司收到一个订单后，搭桥软件可以保证有关资料与销售档案是实时同步的，可以及时更新资料。同时，不需要手动录入，资料就会自动传送到财务部门，并生成发票。在校验订购单与发票时，搭桥软件可以自动完成校验工作，不需要员工逐一比对。这样做不但可以大大提高工作效率，而且可以有效防止误付款，保证公司的财务处理过程准确、高效。

3.EDI 的硬件

有以下 4 种基本类型的计算机平台可以用来实行 EDI：

（1）采用一台中型机或一台主机实行 EDI。把 EDI 的所有软件都装在一台中型机上或一台主机上，那么这台中型机或主机就可以实现任何 EDI 功能。该方法具有以下优点：一是一台中型机或一台主机就可以完成所有的数据处理工作，不需要再在别的电脑上下载 EDI 软件，更不需要员工做重复录入工作，这极大地提高了员工的工作效率，也避免了手工录入可能出现的错误；二是可以对大量的交易数据进行快速、高效的处理；三是一台中型机或一台主机就可以使各部门的电脑实现互联、互通，部门中每个工作人员的电脑都可以快速接收到数据信息。然而，这种方法也存在一定的弊端：首先，成本相对较高；其次，主机或中型机缺乏支撑 EDI 系统运行的应用程序，因此需要做较多的程序编写工作，后期还要不断测试和调试，比较麻烦。

（2）采用一台 PC（个人电脑）机实行 EDI。把 EDI 的所有软件都装在一台 PC 机上，那么这台 PC 机也可以实现任何 EDI 功能。由于 PC 机与企业各个部门的电脑没有连接，因此只有这台 PC 机可以进行 EDI 活动。此法具有成本低，安装及调试方便等优点，但也有一些缺点：第一，错误率高；第二，与上一种方法相比，该方法在处理数据时效率不高，且 PC 机的存储容量没有中型机和主机大；第三，企业各部门的电脑无法与 PC 机相连，这增加了员工的工作量。

（3）使用 PC 机作为主机的前端处理器。PC 机作为主机的前端处理器，也可以成为实行 EDI 的平台。在这种情况下，PC 机与主机相连，存储在主机中的数据可以传输到 PC 机中，同样，存储在 PC 机中的数据也可以传输到主机中。在这种结构下，传输 EDI 报文的步骤是：第一，从主机中获取数据；第二，将数据传输到 PC 机上；第三，在 PC 机上将数据转换为标准格式，并制成电子单证。

相比于前两种方法，这种方法结合了二者的优点。例如，与第一种方法相比，以 PC 机为主机的前端处理器可以大大减少实现 EDI 的开销，并且具有更强的存储能力和更快的处理速度。此外，这种方法下的 EDI 平台具备易于购买和安装现成软件的优点，从而简化了部署流程。同时，由于无须手动重新输入数据，这种处理方式可有效减少误差，提高数据准确性。然而，此种方式的主要不足在于，其费用相较于仅使用一台 PC 机而言更高。

（4）专用的 EDI 操作系统。该系统采用一台安装了专门的 EDI 软件的中型机。专门的 EDI 软件可以整合 EDI 活动和企业电脑应用系统。在大多数情况下，这类操作系统被广泛用于综合和系统地管理企业内 EDI 网络中各种数据交换行为。以一家拥有中央配送中心的连锁店为例，通过条码光笔扫描技术，连锁店可以使用计算机查询和管理每种商品的库存量和销量。当连锁店中某一种商品的库存量低于预先设定的数值时，店内的计算机系统会自动生成配送通知，并将其发送到配送中心。配送中心的计算机系统会自动将商品配送至连锁店，并在线上与各连锁店结清货款。

二、EDI 的业务流程

一般来说，EDI 较多地应用于有大量表单式数据处理业务的部门和单位，而且要求有一定的规范性。从应用领域看，通常可将其分为如下类型：

（1）贸易数据交换系统（Trade Data Interchange），主要用来传送订单、供应单等。

（2）金融汇兑系统（Electronic Fund Transfer），主要用于费用汇兑。

（3）公用事业系统（Public Sectors），主要用于商检、海关及税务等部门。

（4）交互式应答系统（Interactive Query Response），主要用于机票预订、饭店预订等。

下面我们以采购业务为例，说明在使用 EDI 进行商务处理的情况下，买卖双方是如何处理业务的。

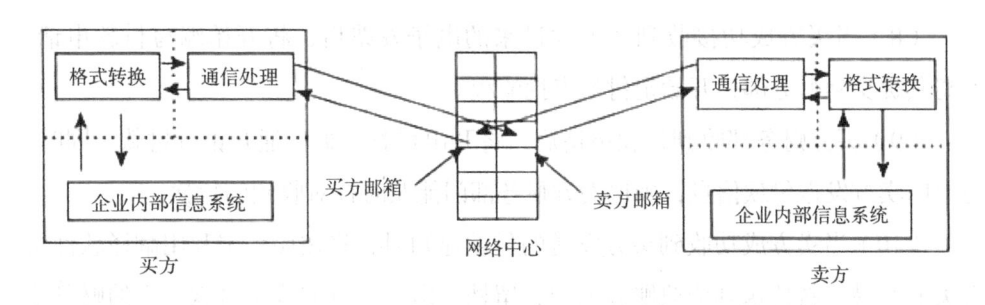

图 3-2-3 商品贸易 EDI 系统的工作模型

如图 3-2-3 所示，EDI 进行商品交易信息处理的流程如下：

（1）一旦买方的库存管理系统生成购买特定物资的请求数据，EDI 的翻译软件将立即启动，并根据这些数据编制出一份符合 EDI 标准的订单。

（2）通信软件利用互联网将 EDI 订单发送给网络中心，再准确地投放到卖方的邮箱。同时，买方采购部门利用搭桥软件，将订单信息传送到财务部、收货部，确保财务部门做好付款准备，收货部门做好收货准备。

（3）卖方应按约定好的时间，从信箱中找到订单。随后，EDI 的翻译软件迅速启动，将这份订单精确地转换成卖方所使用的数据格式，以便卖方能够顺利处理订单并满足买方的需求。

（4）经确认，若物资符合买方指定要求，将向买方发送供应单；若物资不符合买方要求，则向买方反馈相关信息。当买方确定订购时，卖方营销部门就可以使用搭桥软件将订单发送给相关部门，如发货部门、财务部门，各部门电脑上的资料也会立即更新。

（5）买方在收到供应单后，按照供应单的内容，制作一份货物状况调查表，并将该调查表发给卖方。在达成一致意见之前，买方和卖方会就货物的价格进行商谈。

（6）货物价款敲定后，卖方就可以着手填写装运单及装运通知，填好后将其发送给买方。同时，卖方财务部会按照发货时间制作出一张电子发票，并将其传送给买家。在发票开出时，收款通知会及时更新到财务部，以供财务部核实应收货款是否正确。

（7）当接到装运通知时，买方收货部将编制收货通知书，并将做好收货准备，同时搭桥软件会将收款通知书传送到买方财务部，确保其及时收到付款信息。

（8）当买方成功接收到卖方发过来的电子发票后，将开始编写付款申请，并将其提交到财务部，开始走付款审批流程。

（9）买方财务部收到付款申请后，将开出付款单据，通知银行付款。同时，也会向卖方发送付款信息，确保卖方财务部门能及时核对收到的货款。

（10）当卖方成功收到买方发送的付款通知时，将按照规定利用翻译软件将有关的交易资料传送到应收账款账户，留档。由于买方完成了付款，它的财务系统会自动进行相应的操作，把这笔交易金额记入贷方，从而使会计核算更加精确。

因此，在买方提出明确的采购要求之后，EDI系统就可以充分发挥它的高效率、自动化的优点，自动进行数据转化和操作，产生符合各种业务需要的数据文档，然后把它们及时地传送到有关的合作方，保证了整个交易过程的顺利进行，直到最终完成。

三、实施EDI的好处

近年来，EDI的应用越来越广泛，它不但提高了企业的工作效率，还使企业运营成本显著降低，给企业带来了巨大的收益。

1. 提高了企业的交易效率，减轻了企业员工的工作负担

EDI的使用，使文件传输不再局限于邮寄方式，大幅缩短了文件在交易双方之间传输的时间，也提高了交易双方的工作人员在处理单据资料时的工作效率，使交易能在最短时间内完成。

2. 文件处理成本大幅降低

EDI通过计算机网络以机器可处理的形式传送文件数据，避免了纸质文件的打印、审核、修改、邮寄等烦琐环节，既节省了纸张资源，又降低了成本。

3. 人力成本得到有效控制

由于电脑能够提高工作效率，减少工作量，以前两个或三个人才能完成的工作，现在只需要一个人就可以完成，因此，企业可以适当减少人员聘用，优化人力资源结构。

4. 能对供应链中的库存控制进行优化

考虑到订单处理时间长、不确定因素多等特点，传统的采购方式要求企业维持较高的库存水平。但是，随着 EDI 的应用，企业交易效率大幅提高，交易周期明显缩短，因此企业不需要再维持较高的库存量。这样一来，企业就可以空出部分资金，使企业的运营成本降低了。

5. 消除了人工误差，减少了重复性工作，提高了工作质量

EDI 系统的应用，有效地减少了数据的重复输入，降低了错误的概率。另外，EDI 软件还具有编辑、查找错误的功能，可以对数据录入中的错误进行及时的检测和改正。EDI 可在接收到资料后，将接收通知书传送给寄件人，以保证资料完整、传送及时。尽管 EDI 并不能杜绝一切差错，但是它的确可以在较短时间内，以较小的代价改正错误。

6. 实现了时间价值效益

通过 EDI 处理应收款，企业能够提前回笼资金，提高了资金的使用效率。

7. 其他方面的益处

EDI 的应用不仅改善了企业内部经营管理模式，还加强了与供应商和客户之间的联系，有助于维持良好的业务关系，从而为企业创造更多的价值。

第三节　数据库技术

电子商务需要数据库技术的支持，本节重点介绍数据库技术的产生与发展、流行的数据库、构建数据库的流程以及数据库技术与电子商务。

一、数据库技术的产生与发展

数据库技术作为数据管理领域的关键技术，涵盖了数据整理、数据分类、数据存储、数据编码、数据检索及数据维护等多个方面，是现代计算机应用不可或缺的技术。电子商务作为一种新型的商业模式，其通过计算机及网络技术开展业务活动，对数据库技术的依赖性极强。

数据管理主要分为以下几个阶段：手工管理阶段、文件系统阶段、数据库系

统阶段。

（一）手工管理阶段

计算机出现的初期，主要用于科学计算，没有大容量的存储设备。此时，人们需要把程序和要计算的数据通过打孔的纸带送入计算机中，计算的结果需要由用户自己手工保存。处理方式只能是批处理，数据不共享，不同程序也不能交换数据。

应用程序中用到的数据都要由程序员规定好数据的存储结构和存取方式等。一组数据只能面向一个应用程序，不能实现多个程序的共享数据，不同程序也不能直接交换数据。

（二）文件系统阶段

20 世纪 50 年代后期到 20 世纪 60 年代中期，计算机有了磁盘、磁带等直接存取的外存储器设备，操作系统有了专门管理数据的软件——文件系统。文件系统使计算机数据管理的方法得到极大改善。这个时期的特点是：计算机大量用于管理，数据需要长期保存，可以将数据存放在外存上反复处理和使用；数据文件可以脱离程序而独立存在，应用程序可以通过文件名来存取文件中的数据，实现了数据共享；所有文件都要由文件管理系统进行统一管理和维护。该阶段的数据管理方法的不足之处主要体现在数据冗余性、数据不一致性和数据之间联系比较弱等方面。

（三）数据库系统阶段

数据库系统对数据的组织分为三层：第一层面向各类用户，是针对用户的最佳组织形式；第二层面向系统整体，包含全体用户所需信息、对全局性能最佳的数据结构；第三层面向计算机物理存储，在保证存储第二层所含信息的前提下，按物理存取的最佳形式来组织的文件结构，是真正在外部存储器中保存的文件，即用户所使用的数据文件（逻辑上存在）和在外部存储器中实际存放的数据文件（物理上存在）是彻底分离的。数据是按三级结构方式组织的，而三级结构之间的联系由两级映射实现。这就是数据库系统对数据的管理方式。

二、流行的数据库介绍

（一）Microsoft SQL Server 2000 数据库

Microsoft SQL Server 2000 数据库是一个多关系数据管理系统，具有强大的扩展性。它是 Windows 操作系统中较为流行的数据库，是比较适合小型、中型或大型应用程序的后台数据库。它也适用于电子商务、数据仓库和在线商业应用程序等。

（二）Oracle 数据库

Oracle 数据库比较适合超大型的行业领域，如电信、移动、联通、医疗保险、邮政部门等。

（三）MySQL 数据库

MySQL 数据库是一种非常特别的数据库。它以 Web 形式来体现，也是基于 Web 访问方式的数据库。和其他数据库相比，MySQL 数据库的最大特点是建立在 Internet 之上，用户可以通过基于 Web 的查询方式来访问数据库。MySQL 数据库除了可以运行在 Windows 操作系统上，还可以运行在 Linux 和 UNIX 操作系统上。MySQL 数据库一般采用的是客户机/服务器体系结构。

三、构建数据库的流程

构建一个完整、高效的数据库可以说是一个比较复杂的过程，通常包含以下五个基本步骤：

（一）定义数据库的目标

构建数据库的首要步骤就是定义数据库的目标，其不仅是构建数据库的起点，更是为后续工作奠定坚实基础的关键环节。在定义数据库的目标时，我们需要明确数据库要实现什么样的功能、什么样的预期目标，明确数据库的运行环境。只有在定义了数据库的目标之后，才能有针对性地选择技术、制订计划，从而确保最终构建的数据库能够满足实际需求，能够发挥出最大的价值。

（二）数据库的逻辑设计

数据库的逻辑设计与目标及功能设计要求密切相关，是一个非常重要的环节。该步骤的关键在于对数据库中的表格进行定义，并对其进行关联分析，进而建立逻辑清晰、结构合理的数据库结构。

（三）数据库的物理设计

数据库的物理设计环节是数据库构建流程中至关重要的一环，它紧随在逻辑设计之后。这一环节在数据库的建设中起到承上启下的作用，确保了数据库在物理层面能够高效、稳定地运行，从而满足实际应用的需求。在数据库的物理设计过程中，需要综合考虑并确定数据库所需的相关软件和硬件设备。总之，数据库的物理设计环节是一个复杂而重要的过程，需要综合考虑多个方面的内容。

值得一提的是，数据库的逻辑设计与物理设计及其实现是有所区别的。逻辑设计更侧重于从业务需求和功能角度出发，规划出数据库的逻辑结构；而物理设计则更关注于数据库在物理存储层面的实现。虽然两者在数据库构建过程中都起着重要作用，但它们的侧重点和实现方式是不同的。

（四）数据库的物理实现

数据库的物理实现决定了数据库在物理存储介质上的实际布局和组织方式。物理实现对数据库的性能、可维护性和安全性等方面都具有重要影响。这一步属于项目的实现阶段。它建立在数据库的物理设计之上，包括设计实际的物理数据以及数据库的服务器配置和存储数据的程序代码等。

（五）复查构建的数据库

复查构建的数据库是数据库构建过程中的最后一步，也是确保数据库质量满足实际需求的关键步骤。在这一步，我们需要对构建的数据库进行全面的检查和评定，借此，我们可以发现并解决存在的问题，确保数据库的稳定运行和高效使用，使其能够充分满足我们在第一步中所设定的目标及各项要求。

在复查数据库的过程中，我们还可以根据实际需求，制定维护和更新数据库的实施方案，这将为数据库的稳定运行提供有力保障。

如图 3-3-1 所示，为构建数据库的流程。在实际设计中，有些步骤可能体现得不是很明显。

```
开始
  ↓
定义数据库的目标
  ↓
数据库的逻辑设计
  ↓
数据库的物理设计
  ↓
数据库的物理实现
  ↓
复查构建的数据库
  ↓
结束
```

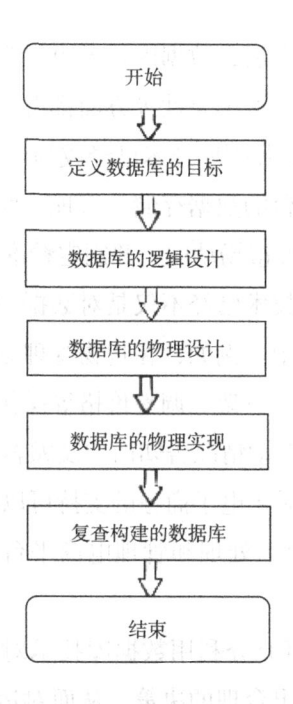

图 3-3-1 构建数据库的流程

四、数据库技术与电子商务

在数字时代，数据库技术是电子商务活动得以顺利开展的有力保证。数据库技术可以有效管理、储存电子商务产生的数据。电商平台中存在海量的数据信息，如消费者信息、商品信息、交易记录等，这些信息都需要得到有效的保存与管理。利用数据库技术搭建的数据储存结构能够储存大量数据。这样，电商平台就可以对客户的要求做出及时的反应，为消费者提供精准的商品信息，并为消费者提供个性化的服务。同时，数据库技术为电子商务的发展提供了强有力的支持。电商平台利用数据库技术对海量数据进行分析与挖掘，进而能够洞察市场动向，发掘出消费者的需要，从而为企业的营销决策提供强有力的支撑。例如，运用数据库技术分析消费者的购物行为，能够对其将来的购买意愿进行预测，进而精确推送相关商品，从而提升商品的销量。数据库技术也有利于电商平台的安全交易。利用数据库技术的加密、权限控制等功能，可以保护用户的隐私，防止交易信息泄露。另外，数据库技术的数据备份与恢复功能有利于电商平台快速找回丢失的数据。

随着大数据技术的飞速发展，数据库技术也得到了进一步优化。当前的数据库系统在处理能力、安全性、可扩充性等方面都有了很大的提高，可以更好地适应电子商务的需要。可以说，数据库技术已经成为电子商务的一个重要组成部分。该技术不但可以实现电商平台的数据存储与管理，而且可以通过对数据的处理与分析，使商家能够更好地把握市场动向，并制定精准的营销策略。

在电子商务中，数据库技术已经不仅是对数据的储存与管理，它已经渗透到了电商企业所有的商业过程中。例如，在货物管理方面，利用数据库技术，商家能够快速地完成货物的上架、下架、调整价格等操作；利用数据库技术，可以自动跟踪订单状况，并将订单变动情况告知商户及顾客，以提升订单的处理效率。

具体而言，数据库技术对于电子商务的支持可以概括为以下四个部分：

（1）收集、整理、存储、处理和管理电商平台数据，这是数据库技术的基本功能。

（2）支持决策。商家可充分利用数据库技术对电商平台中的海量数据进行深度分析，并在此基础上做出合理的决策，从而对运营战略做出相应的调整，以更好地应对不断变化的市场需求。

（3）对 EDI 的支持。EDI 作为电子商务中不可或缺的一环，其成功实施取决于企业的信息化程度。其中，数据库建设是提高企业信息化程度的有效措施。若能建立一套完善的数据库系统，再加上 EDI 软件，便可实现自动化电子商务过程。

（4）Web 数据库。通过 Web 平台，企业可自主发布信息，同时，企业可以在 Web 平台收集和分析顾客的信息，进而了解顾客的需求。Web 数据库在吸取了传统数据库技术精华的基础上，融合了多种其他先进技术，使其功能架构更加先进和完善。

【实训案例】

阿里新制造——犀牛智造正式亮相

2020年9月16日,阿里巴巴成功推出全球首个新制造平台——犀牛智造。同时,阿里巴巴的新制造"一号工程"重点项目——犀牛智造工厂,也于当日在杭州顺利投产,标志着阿里巴巴在新制造领域迈出坚实步伐。

早在2016年10月,阿里巴巴创始人马云在云栖大会上首次提出"五新"——新零售、新金融、新制造、新技术、新能源。其中,"新制造"意味着数字技术将对传统制造业进行深度重构,实现制造业的智能化、个性化和定制化。

2017年8月,阿里巴巴启动犀牛智造项目。

2020年,潜行三年的犀牛智造平台揭开了面纱。犀牛智造的亮相是2020年互联网行业的大事件。这个专门为中小企业服务的数字化、智能化制造平台,率先在服装行业开始了新制造的探索。过去三年里,它和淘宝上200多个中小商家进行了试点合作,一步一步跑通了小单起订、快速反应的柔性制造模式,取得了令人意想不到的成效。通过洞察需求和数字化制造,不少商家真正做到了按需生产。

阿里巴巴新制造的初衷是帮助中小企业解决生产供应链中的一系列痛点,如销售预测难、快速反应难、消化库存难等。犀牛智造平台运用阿里巴巴的云计算、物联网、人工智能技术,赋予了工厂"智慧大脑",连通了消费趋势洞察、销售预测和弹性生产,构建起了一套云、端、智、造融合的新制造体系,从而让服装制造业实现了智能化、个性化、定制化的升级。

【思考讨论】

(1)查找资料,解释"五新"概念。

(2)犀牛智造平台是如何应用新兴技术实现对服装制造业升级的?

【归纳提高】

本章首先介绍了计算机网络技术,主要包括Internet、Intranet和Extranet,互联网(Internet)的通信协议和互联网(Internet)接入技术,移动互联网。

然后，介绍了电子数据交换（EDI）。电子数据交换是由国际标准化组织推出使用的国际标准，是一种为商业或行政事务处理，按照一个公认的标准，形成结构化的事务处理或消息报文格式，是从计算机到计算机的电子传输方法，也是计算机可识别的商业语言。该部分详细介绍了EDI的业务流程和实施EDI的效益。

最后，介绍了数据库技术，分析了数据库技术的产生与发展、目前流行的数据库、构建数据库的流程等。

【思考题】

（1）电子数据交换主要应用在哪些领域？举例说明电子数据交换的应用流程。

（2）互联网提供的服务主要有哪些？

（3）目前流行的数据库有哪些？

第四章 电子商务安全

如今，电子商务几乎涉及人类生活的各个领域。电子商务正在迅速发展，它推动了商业、经贸、营销、金融、广告、物流和教育等社会经济领域的创新和发展，并因此形成了一个新的产业，给全球企业和经济带来了新的机遇。此外，越来越多的企业渴望通过导入电子商务来进行业务流程的重组改造，提升企业运作效率，降低经营成本，并且更进一步地优化商品和服务的品质。目前，企业导入电子商务已经成为增强市场竞争力的主要动力。本章主要论述电子商务安全，内容包括电子商务安全概述、电子商务的安全需求、电子商务安全技术及电子商务安全协议。

【知识点框架图】

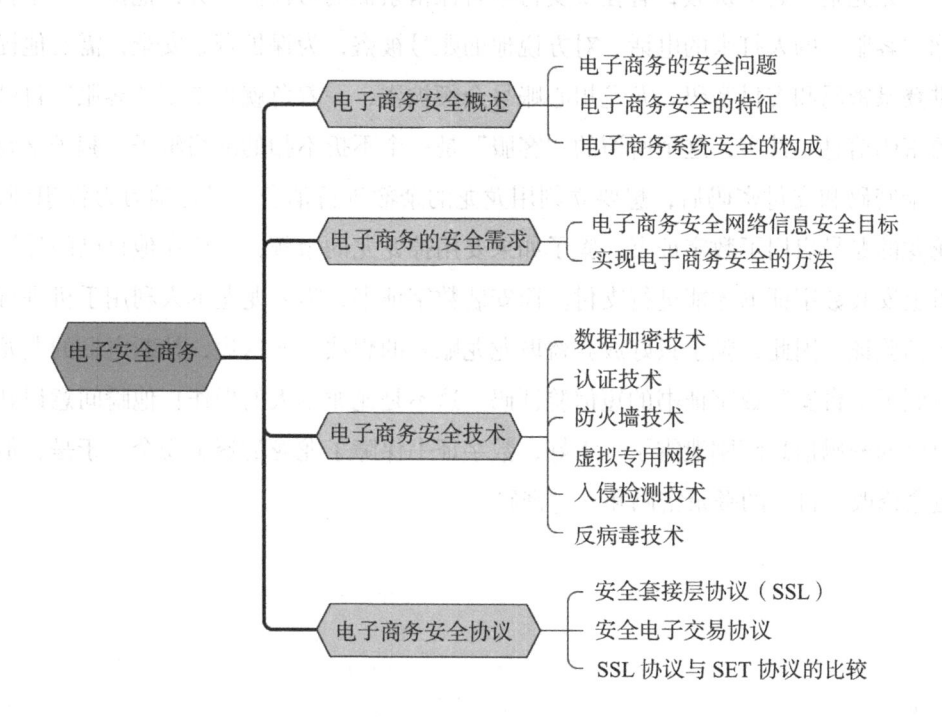

电子安全商务
- 电子商务安全概述
  - 电子商务的安全问题
  - 电子商务安全的特征
  - 电子商务系统安全的构成
- 电子商务的安全需求
  - 电子商务安全网络信息安全目标
  - 实现电子商务安全的方法
- 电子商务安全技术
  - 数据加密技术
  - 认证技术
  - 防火墙技术
  - 虚拟专用网络
  - 入侵检测技术
  - 反病毒技术
- 电子商务安全协议
  - 安全套接层协议（SSL）
  - 安全电子交易协议
  - SSL 协议与 SET 协议的比较

【学习目标】

一、知识目标

（1）电子商务的安全问题及特点。
（2）电子商务的安全需求。
（3）电子商务的安全技术。
（4）电子商务的安全协议。

二、技能目标

（1）了解电子商务的安全需求。
（2）了解电子商务的安全问题及可采用的安全技术。

【引导案例】

有数字证书保护，骗子再也盗不了我的钱

龙龙是一名上班族，有在某支付平台保留余额的习惯。一天，他接到一个自称"客服"的人打来的电话，对方说他的账号被盗，为保护资金安全，需要他提供登录密码和支付密码。龙龙担心账号余额被盗，一着急就告知了"客服"自己的密码信息。其实，这个所谓的"客服"是一个不折不扣的网络骗子。骗子拿到登录密码和支付密码后，想要立刻用龙龙的余额进行消费。可是他万万没想到，龙龙的账号启用了数字证书，骗子如果要用掉龙龙的余额，需要在他自己的计算机上安装数字证书才能进行支付。而安装数字证书，需要龙龙本人利用手机进行短信验证。因此，骗子只好放弃盗取龙龙账号的想法。而这边，挂断电话的龙龙收到了平台安装数字证书的短信验证码。这不是龙龙本人的操作！他瞬间意识到自己的密码信息刚刚泄露了。幸好，数字证书保障了龙龙的资金安全。于是，他赶紧修改了自己的登录密码和支付密码。

第一节 电子商务安全概述

所谓电子商务安全，是指保护电子商务系统中的企业和个人的财产不受未经授权的访问、使用篡改或破坏。确保电子商务在运行过程中不受任何威胁的措施之一就是确保电子商务安全。在整个电子商务过程中，电子商务安全涉及保护客户端、传输通道、电子商务服务器和相关后端系统，其所发挥的作用是相当巨大的。

一、电子商务的安全问题

电子商务的安全问题主要涉及信息的安全问题和安全的管理问题。以下就信息的安全问题展开论述：

（一）信息窃取

如图 4-1-1 所示，为窃听信息的过程。此时，信息从信息源节点传输到信息目的节点，但中途被攻击者非法窃听。尽管信息目的节点仍收到了信息，信息表面看来并没有丢失，但如果被窃听到的是重要的政治、经济、军事信息的话，实际上已经造成了严重危害。

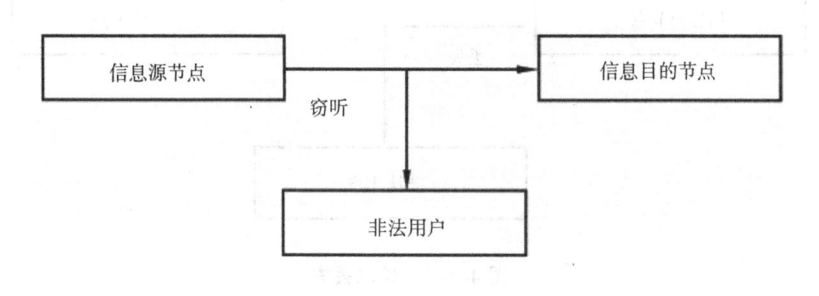

图 4-1-1 窃听信息

（二）信息篡改

如图 4-1-2 所示，为篡改信息的过程。这时，信息从信息源节点传输到信息目的节点的中途被攻击者非法截取，攻击者将截取的信息进行了篡改，再将篡改后的错误信息发往信息目的节点。虽然信息目的节点也会收到信息，但是这样接收到的信息是错误的。例如，信息源节点发送信息为甲向某银行贷款 500 万元，结果信息目的节点接收到的却是甲向某银行借款 500 万元。由于信息目的节点接收到的是被篡改之后的错误信息，因此可能会给银行造成很大的损失。

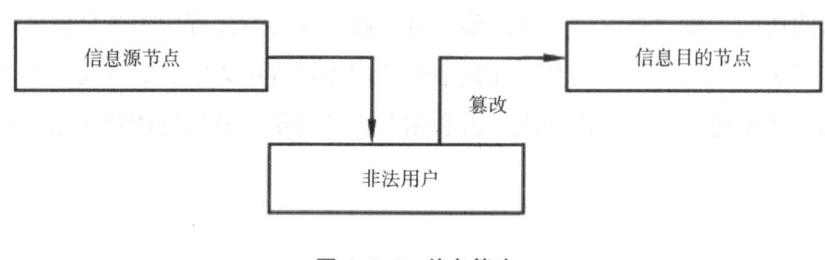

图 4-1-2 信息篡改

（三）信息丢失

如图 4-1-3 所示，为信息丢失的大致过程。在此过程中，不法分子会使用各种手段来截取信息源节点发送的信息，他们很可能以互联网、公共电话网、窃听或安装接收设备为跳板对信息进行破坏，从而使信息目的节点无法接收到应该接收的信息，造成信息在传输途中的丢失。另外，攻击者可能还会对信息传输的路径、数据传输量、通信时长和频率等方面进行分析，为其实施不法行为做准备。

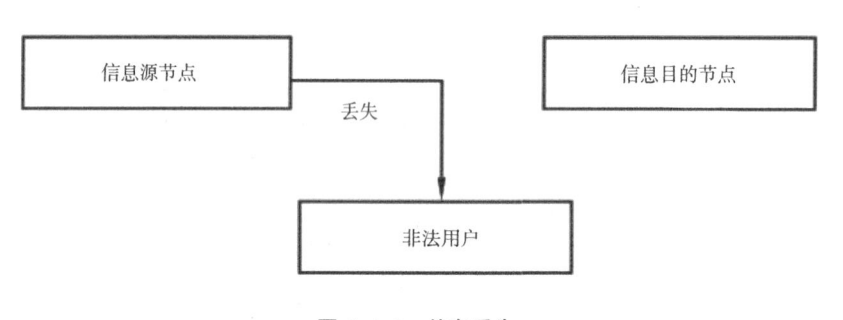

图 4-1-3 信息丢失

（四）信息破坏

如图 4-1-4 所示，为信息被破坏的过程。此时，信息源节点并没有信息要传送给信息目的节点。破坏者冒充信息源节点，将破坏后的信息发送到信息目的节点。信息目的节点接收到的是错误的信息。如果信息目的节点没有办法发现信息是被破坏过的，就可能会造成巨大的损失。

```
信息源节点  ——破坏——>  信息目的节点
                ↑
             非法用户
```

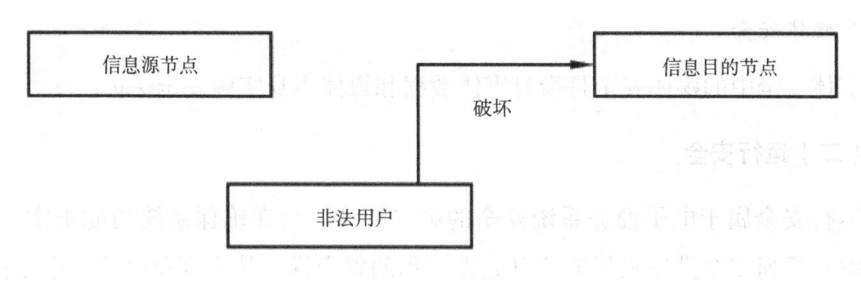

图 4-1-4　信息破坏

二、电子商务安全的特征

电子商务安全必须具有如下特征：

（1）信息的保密性。
（2）信息的完整性，其中还包括数据传输的完整性和完整性的检查。
（3）信息的有效性。
（4）信息的不可抵赖性。
（5）使用者身份的真实性。
（6）计算机系统的可靠性。

三、电子商务系统安全的构成

（一）实体安全

实体安全是指通过各种方法和程序来确保计算机设备、设施和其他媒体不会受到自然灾害和其他环境事故的破坏。电子商务系统的实体安全涵盖环境、设备和媒体三个方面的安全。

1. 环境安全

环境安全就是对电子商务系统所在的环境加以安全保护，主要包括灾害保护和区域保护。

2. 设备安全

设备安全是指对电子商务系统的设备（包括网络）进行安全保护，主要是设备防盗、设备防毁、防线路截获、防电磁信息泄露、抗电磁干扰及电源保护。

3. 媒体安全

实体安全中的媒体安全是指对媒体数据和媒体本身实施安全保护。

（二）运行安全

运行安全属于电子商务系统安全的第二部分，旨在确保系统功能正常运行，并提供一系列安全措施来保障信息处理过程的安全性。从宏观角度看，电子商务系统的运行安全包括四个部分的内容：风险分析、审计跟踪、应急措施、备份与恢复。

1. 风险分析

风险分析就是对电子商务系统进行人工或自动的风险分析。

2. 审计跟踪

审计跟踪是指对电子商务系统进行人工或自动的审计跟踪，需保存审计记录并维护审计日志。

3. 应急措施

运行安全中的应急措施，是为了在紧急事件或安全事故发生时，提供电子商务系统继续运行或紧急恢复所需要的保障。

4. 备份与恢复

运行安全中的备份与恢复，就是对系统设备和系统数据的备份与恢复。

（三）信息安全

信息安全是指防止信息财产被故意地或偶然地非授权泄露、更改、破坏，或信息被非法系统辨识、控制。信息安全要确保信息的完整性、保密性、可用性和可控性。信息安全由七个部分组成，如下所述：

1. 操作系统安全

（1）安全操作系统：指在系统设计、实现和使用等各个阶段都遵循一套完整的安全策略的操作系统。

（2）操作系统安全部件：操作系统安全部件的作用是提高现有操作系统的安全性。

2. 数据库安全

（1）安全数据库系统：指在系统设计、实现、使用和管理等各个阶段都遵循一套完整的系统安全策略的数据库系统。

（2）数据库系统安全部件：以现有数据库系统所提供的功能为基础构建的安全模块，旨在提高现有数据库系统的安全性。

3. 网络安全

（1）网络安全管理是指为网络的使用提供安全管理。

（2）安全网络系统为网络资源的访问和网络服务的使用提供一套完整的安全保护，即网络系统的设计、实现、使用和管理各个阶段，都遵循着一套完整的安全策略。

4. 计算机病毒防护

计算机病毒防护包括单机系统病毒防护、网络系统病毒防护、网络系统安全部件等。

5. 访问控制

（1）出入控制是为了阻止非授权用户进入机构或组织。

（2）存取控制是针对主体访问客体时的存取控制，如通过对授权用户存取系统敏感信息时进行安全性检查，以实现对授权用户的存取权限的控制。

6. 加密

加密是指将明文数据进行某种变换，使其成为不可理解的形式的过程。加密必须依赖两个要素：算法和密钥。

7. 鉴别

鉴别包括身份鉴别和信息鉴别。身份鉴别是指对信息收发方（包括用户、设备和进程）真实身份的鉴别。信息鉴别是指对信息的正确性、完整性和不可否认性的鉴别。

第二节 电子商务的安全需求

电子商务是计算机网络与商业相结合的产物,是商务信息化的一种模式。从长远的角度来看,电子商务的发展前景非常好。在电子商务的发展过程中,是需要强有力的技术支持的。在互联网公共平台上,安全技术保障在整个电子商务交易过程中起着至关重要的作用。

一、电子商务安全网络信息安全目标

电子商务安全网络信息安全的核心目标包括保密性、完整性、可用性、可控性和不可否认性,具体如下:

(一)保密性

电子商务安全网络信息的保密性目标是指确保未经授权的用户无法访问特定信息。这一特性自信息安全领域兴起以来就一直存在,并且已经成为信息安全研究的重点之一。简单来说,我们可以将电子商务的保密性理解为只有得到授权的用户才能查看重要信息。就纸质文档信息而言,我们只需确保文件得到妥善保存,以免被未经授权人员获取。不过,在计算机和网络环境中,我们不仅要保护数据免受未经授权人员的访问,还要确保授权用户不会将数据泄露给未经授权的人。

(二)完整性

电子商务安全网络信息的完整性目标是指确保信息不会被擅自篡改,以保持其最初的形态。该目标旨在确保信息的完整性和可信性,因为对这些信息进行故意篡改、插入或删除会带来严重的影响。

(三)可用性

电子商务安全网络信息的可用性目标是指确保授权主体在需要的时候能够顺畅地使用信息服务。作为信息安全保护的新需求之一,可用性也是数字化环境中必不可少的重要标准之一。

（四）可控性

电子商务安全网络信息的可控性目标是指通过安全监控管理措施，对信息和信息系统进行管控，以阻止其被非法利用。

（五）不可否认性

在网络环境中，电子商务安全网络信息的不可否认性目标是指发送或接收信息的双方在信息交换中无法对他们的参与过程予以否认。

信息安全的保密性、完整性和可用性主要强调对非授权主体的控制。而对授权主体的不正当行为是如何控制的呢？信息安全的可控性和不可否认性恰恰是通过对授权主体的控制，实现了对保密性、完整性和可用性的有效补充，主要强调了授权用户只能在授权范围内进行合法的访问，同时，还会对授权用户的行为进行监督和审查。

除了上述五个安全目标，还有信息安全的可审计性、可鉴别性等。

二、实现电子商务安全的方法

为了确保电子商务环境的安全性，我们需要有效应对电子商务中存在的两方面安全问题。以下是确保电子商务环境安全的几项措施：

（一）采用电子商务安全技术

1. 计算机网络安全技术

在电子商务中，计算机网络扮演着重要的角色，网络安全问题不容忽视。建立安全稳定的计算机网络是电子商务顺利进行的前提条件，因此确保计算机网络安全是保障电子商务安全的关键。

（1）防火墙技术。防火墙是一种用于保护网络安全的重要技术，其主要功能是通过控制和监测网络之间的信息交换和访问行为来实施对网络安全的有效管理。防火墙的基本工作原理是通过访问规则决定内外部网络之间的数据传输，确保只有授权的数据能够通过防火墙。基于防火墙的运用，有些主机可以通过外部网络进行访问，而其他一些主机则会受到保护。对各个内部用户访问特定网站进行限制，可以实现简便、高效的网络安全监控。目前来说，保障电子商务环境安全最有效的做法就是采用双重防火墙和双重服务器。

（2）入侵检测系统（Intrusion Detection System，IDS）。防火墙虽然有诸多优点，但也存在一定的局限性。例如，无法阻止可绕过其的攻击，也无法应对新出现的网络安全威胁。为了提升计算机网络的安全性并打破防火墙的限制，可以考虑引入入侵检测系统，将其作为补充措施。入侵检测是一种监控系统，可被用于检测和识别任何未经授权的入侵行为。通过收集和分析计算机网络或系统中的关键数据点，检测内部网络中是否存在不符合安全政策的活动和受到攻击的迹象。将与入侵检测有关的软件和硬件融合在一起，就能构建起一套入侵检测系统。

（3）虚拟专用网技术。虚拟专用网（Virtual Private Network，VPN）技术是较为新颖的。虚拟专用网能够利用安全隧道、用户认证和访问控制等技术，在不可信的公共连接网络上传输重要信息，保证信息安全，并达到类似专用网络的安全保护效果。基于虚拟专用网技术，我们能够使网络环境的安全水平变得更高。

（4）病毒防治技术。电子商务中的计算机网络不断受到病毒攻击，为了把计算机病毒的危害降到最低，我们可以从两个方面入手：一是高度重视计算机病毒；二是安装计算机病毒防治软件，不断更新病毒库。

2.电子商务交易安全技术

为了保障传统商务在网络世界的安全性，必须建立电子商务安全体系，以确保在线交易环境足够安全。具体来说，可以通过以下几种途径保障电子商务交易的安全性：

（1）基本加密技术。将明文数据进行某种变化，使其成为不可理解的形式，这个过程就是加密，这种不可理解的形式被称为密文。解密是加密的逆过程，即将密文还原成明文。采用密码技术对信息进行加密是最常用的安全手段。在电子商务中，广泛应用的现代加密技术有两种：对称加密体制和非对称加密体制。基本加密技术是电子商务安全体系的基础，也是安全认证的手段和安全协议的基础，利用它可以保证电子商务中信息的保密性。

（2）安全协议。要保证电子商务环境的安全，必须把安全认证手段和安全协议配合起来制定一个电子商务解决方案。目前，电子商务中有两种安全认证协议被广泛使用,即安全套接层(Secure Sockets Layer,SSL)协议和安全电子交易(Secure Electronic Transaction,SET)协议。

(二)加强诚信教育,建立社会诚信体系

在电子商务领域,由于诚信问题客观存在,诸如交易否认、抵赖及侵犯个人隐私等现象时常出现。因此,为了促进电子商务行业的良性发展,使消费者更加信赖电子商务,我们需要重视诚信意识的培养,要及时构建社会诚信体系。

第三节 电子商务安全技术

以互联网为代表的全球信息化浪潮迅猛发展,互联网成为全球性的网络,其开放性极大地方便了各种计算机之间的信息交流,实现了资源的共享。随着互联网的普及,网络安全问题日益凸显。互联网的开放、全球化和自由等特性提升了用户体验,但它在安全方面为人们带来了更为严峻的挑战。在推进信息化发展的过程中,政府机构和企事业单位需要重视防范黑客和工业间谍的入侵,以确保网络信息系统在提高办公效率和带来便利的同时能够健康发展。

一、数据加密技术

数据加密技术是保证网络与信息安全的核心之一。密码学是一门古老而深奥的学科,是研究计算机信息加密、解密及其变换的学科,是数学和计算机的交叉学科,主要包括编码学和密码分析学。加密算法和密钥经常被人们用于保护信息的安全,而密码分析学家则致力于破解这些保护机制,可以说这两者之间既相互统一,又相互对立。

(一)加密与解密

(1)加密是为了伪装明文以隐藏其真实信息,即将明文 X 伪装成密文 Y。通信的信息和数据称为明文,转换成局外人难以识别的形式称为密文,伪装明文的操作称为加密,加密时所使用的信息变换规则称为加密算法。合法接收者将密文恢复成原明文的过程称就是解密。非法接收者将密文恢复成原明文的过程叫破

译。解密时所使用的信息变换规则称为解密算法。整个加密和解密过程可以用图来表示（图 4-3-1）。

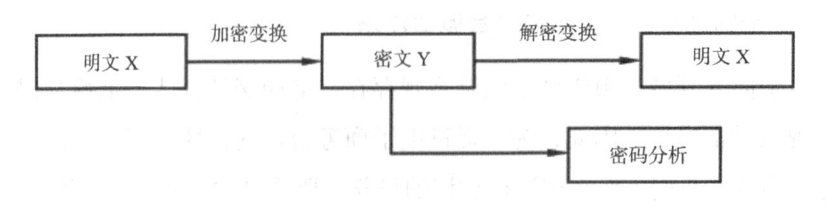

图 4-3-1　加密和解密过程

（2）在加密学中，加密算法和解密算法是在一组密钥的控制下进行操作的，密钥是由数字、字母或特殊符号组成的，用来控制加解密的过程。加密和解密过程中使用的密钥分别称为加密密钥和解密密钥。密钥可视为密码算法中的可变参数。从数学的角度来看，如果改变了密钥，也就改变了明文和密文之间的数学函数关系。

对于相同的加密算法，密钥的位数越多，破译的难度就越大，安全性也就越高。而密钥位数越多，密钥空间就会越大，即密钥可能的范围也就越大，攻击者也就越不容易通过蛮力攻击来达到破译的目的。

（3）加密技术可以分为密钥和加密算法两部分。其中，加密算法是用来加密的数学函数，而解密算法是用来解密的数学函数。密码是明文和加密密钥相结合，然后经过加密算法运算的结果。实际上，密码是含有一个参数 K 的数学变换，即 $C=E_K(M)$，其中，M 是未加密的信息（明文），C 是加密后的信息（密文），E 是加密算法，参数 K 是密钥。密文 C 是明文 M 使用密钥 K 经过加密算法计算后得到的结果。在此公开的是加密算法，而密钥是秘密传送的。在网络传输过程中，即使密文被偷窃，盗窃者由于不知道密码和解密方法，也没有办法得到原信息。当然，为了保证密文信息更加可靠，需要经常性地更换算法，并增加算法安全强度。

（二）加密技术

加密技术是电子商务采取的基本安全措施，其主要功能是提供机密性服务，交易双方可以根据需要在信息交换的阶段使用。根据加密使用的密钥的不同，可以将加密技术分为两大类：对称加密体制和非对称加密体制。

1. 对称加密体制

就对称加密体制而言，加密和解密会使用相同的密钥。换句话说，无论是加密还是解密，操作者都需要使用相同的密钥。当操作者只知道一个密钥时，他可以推导出另一个密钥。我们可以将对称密钥体制称作"单密钥体制"。对称加密算法具备公开性，适用于加密和解密信息的双方，两者只需要保证使用同一个加密算法和密钥，不必交换加密算法。如图 4-3-2 所示，为对称加密/解密的原理示意图。

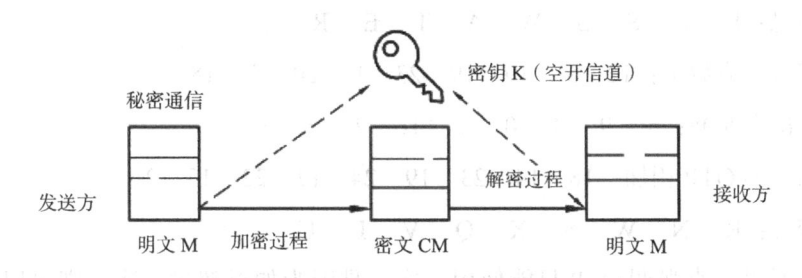

图 4-3-2　对称加密/解密原理示意图

从图 4-3-2 中可以看出，在整个对称加密过程中，由于采用相同的加密算法并只交换共享的密钥，因此系统的安全性也就取决于密钥的安全性。如果第三方获取该密钥就会造成信息失密。也就是说，如果进行通信的交易双方不能确保该密钥不被窃取，就存在信息失密的风险；只有进行通信的交易双方能够确保该密钥在交换过程中未曾泄露，信息的机密性和完整性才可以得到保障。对称加密技术存在着通信双方之间交换密钥是否安全的问题。由于加密和解密使用的是同一个密钥，因此在传递和分发密钥的时候，必须通过安全的通道，即通过秘密信道传递或分发。这就要保证密钥安全、可靠地传送，而且需要注意的是，对称加密方式无法鉴别交易的发起方或交易最终方。

典型的对称加密算法：传说以前在战争时使用过一种叫作代替密码的加密方式，其算法是：保持 26 个英文字母的字母顺序不变，但使其与 h, i, j, k, …, z, a, b, e, d, c, f, g 分别对应（顺次向后移动 6 个字母），这样，如果明文是"attack"，那么密文就是"haahjr"了。

可见，此算法是将字母位置按原顺序向后移动 6 位，并一一对应。当然，密钥也可以是其他数字，比如是 4，则此时 a 对应 e、b 对应 f、c 对应 g，以此类推。

不过，根据字母出现频率的高低可以很容易破解这种代替密码。由此可见，密文的安全是相对的，取决于算法的复杂程度和密钥的保密程度。现在计算机的运算速度和能力得到了极大提高，使破译工作能够更高效地完成，从某种意义上说，这也加大了加密的难度。下面来看两种常用的对称加密算法：

（1）一次性便笺（One-time Ped，OTP）。一次性便笺是一种理论上牢不可破的加密系统，这种加密方法使用一组随机产生的、完全无序的数字对消息进行编码，并且OTP只能使用一次，通常用于高度安全环境中的较短消息。举例如下：

消息：L E S S W A T E R
字母对应数字：12　5　19　19　23　1　20　5　18
一次性便笺：6　9　4　0　1　16　2　7　3
明文和OTP相加：18　14　23　19　24　17　22　12　21
密文：R N W S X Q V L U

之所以一直强调OTP只能使用一次，是因为如果超过一次，则可以对它进行分析和破译。

（2）数据加密标准（Data Encryption Standard，DES）。数据加密标准是最典型的对称加密算法，是由IBM公司提出，经过国际标准化组织认定的数据加密的国际标准。DES算法是目前广泛采用的分组密码的典型代表之一，主要用于银行业中的电子资金转账领域。

DES加密算法可以分为加密处理、加密变换和子密钥生成三部分。其基本思想是将二进制序列的明文分成每64位一组，即采用64位密钥长度，其中8位是用于奇偶校验，用户可以使用其余的56位。其中的8位奇偶校验位分布在8，16，…，64的位置上，而56位密钥经过置换选择、循环左移等，每次处理产生一个子密钥，共产生16个子密钥，组合成密钥。DES的解密和加密过程是一样的，只不过子密钥的顺序相反，这就使得在做DES芯片时，容易做到标准化和通用化，这一点尤为适合现代通信的需要。DES有4种基本工作模式，即电子码本（ECB）、密码反馈链接（CBC）、密码反馈（CFB）和输出反馈（OFB）。由于DES的整个体制是公开的，因此系统的安全性完全取决于密钥的保密程度。随着DES的实际应用和深入研究，人们发现虽然此算法有运算速度快、易于产生密钥等优点，但 DES 算法并不是非常安全的，只要入侵者使用运算能力足够强的计算机，对密钥逐个尝试，就可以破译密文。因此，人们希望对 DES 进行改进或重新设计新的分组密码，如三重 DES（TDES）、广义 DES（GDES）等。不过，破译密码是需要时间的，只要破译的时间超出密文的有效期，那么加密就是有效的。

2. 非对称加密体制

非对称加密体制（也叫公钥密码体制）是试图解决常规加密面临的两个突出问题，即密钥分配和数字签名而诞生的，它的发展对整个密码学体系的影响是巨大的。非对称加密体制在对信息进行加密和解密的过程中会使用不同的密钥，即需要两个密钥：私有密钥（简称私钥）和公开密钥（简称公钥）。当使用公钥加密数据时，操作者只能在持有相应私钥的情况下才可解密，这就是公钥加密技术（也称非对称加密技术）的原理。

公钥加密技术使用的解密私钥和加密公钥是不同的，加密公钥不会危及解密私钥的安全性。公钥密码体制从根本上克服了传统密钥密码体制的缺陷，解决了密钥分发和管理及消息认证等问题，特别适用于计算机网络系统。如图 4-3-3 所示，是非对称加密体制加密/解密的原理示意图。

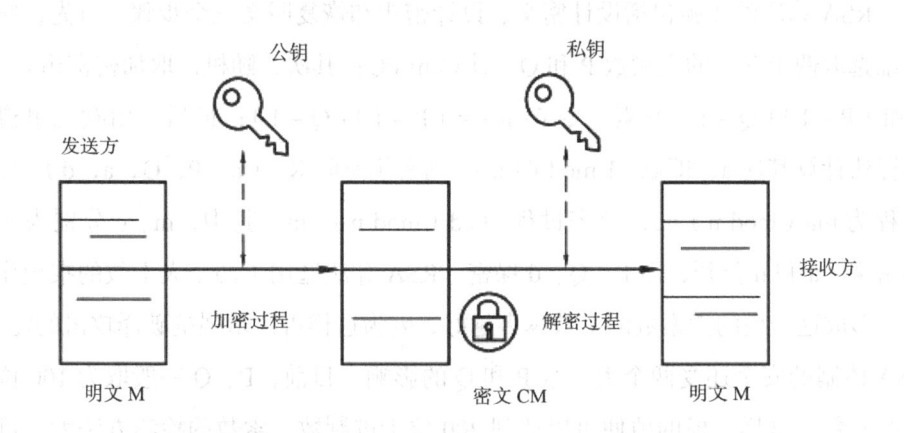

图 4-3-3　非对称加密体制加密/解密原理示意图

公钥密码体制的基本思想是利用加密/解密求解某些数学难题。由于用户的解密私钥和加密公钥是很复杂的，因此用户加密公钥可以公开，登记在网络的密钥数据库中，就像把自己的电话号码公开在电话簿上一样。如果有人想要与用户 A 通信，那么只要在公开的密钥数据库中查询用户 A 的加密公钥，再用此加密公钥把明文加密成密文，最后将此密文传输给指定的用户 A 就可以了。假如没有人能解密私钥，那就无法恢复出明文。

自从有了公钥加密，学者提出了很多种公钥加密方法，它们的安全性都是基于复杂的数学难题。基于数学难题来分类，以下系统目前被认为是有效和安全的：RSA 算法、PGP 算法、ECC 算法及 DSA 算法等。下面对 RSA 算法进行具体分析：

RSA 算法被认为是当前理论上较为成熟的一种公钥密码体制，也是应用较为广泛的公钥系统。Rivest（李维斯特）、Shamir（萨莫尔）和 Adelman（阿德曼）为该算法的创始人，也是 RSA 系统名称的由来。这种体制的思想是基于大整数因子分解的困难性，而大整数因子分解问题是数学历史上的著名难题，至今仍没有有效的方法能解决，因此能在某种程度上确保 RSA 算法的安全性。大多数使用公钥密码进行加密和数字签名的产品所使用的标准都是 RSA 算法。

RSA 算法的保密性随着其密钥的长度增加而增强。但是，使用的密钥越长，加密和解密所使用的时间也相对越长。因此，人们必须根据被保护信息的重要性、攻击者破译所花费的代价，以及系统所要求的保密期限来综合考虑密钥的长度。

RSA 算法的实施包括设计密文、设计密钥和恢复明文三个步骤。首先，应该仔细选取两个互异的大素数 P 和 Q，计算 n=PQ；其次，随机选取加密密钥 a，使 a 和（P-1）（Q-1）互素，令 f(n)=(P-1)(Q-1)；最后，用欧几里得扩展算法计算其逆 a，即 da=1 mod f(n)。则密钥空间 K=(n, P, Q, a, d)。加密过程为 ma（mod n）=c，解密过程为 cd（mod n）=m。其中，m、c 分别为明文和密文，a 和 n 公开，而 P、Q、d 保密。RSA 算法选用了两个大素数的乘积作为模，形成这个模的大素数的个数越多越好，因为这样可以增强抗破译攻击的能力。RSA 体制的安全还受两个大素数 P 和 Q 的影响。目前，P、Q 一般取为 100 位十进制素数，这样，模的值便可以达到 200 位十进制数。素数的检测方法大概可分为两大类：概率方法和确定性方法。而为了增加对 RSA 攻击的难度，对于 P、Q 的选取通常应该满足 P、Q 是安全素数且 P、Q 有足够的距离。原理简单是 RSA 算法最为显著的优点，RSA 还易于使用。但是，随着分解大整数方法的进步和完善、计算机速度的提高，以及计算机网络的发展（可以使用成千上万台机器同时进行大整数分解），作为 RSA 加密和解密安全保障的大整数要求越来越高。为了保证 RSA 使用的安全性，其密钥的位数一直在增加。

二、认证技术

由于互联网的不断普及及受其他多种因素的综合影响，电子商务的安全一直是一个讨论度较高的话题。网络信任是电子商务成功的核心要素之一。网络安全机制涉及身份验证、授权、数据完整性、不可否认性和可靠性保障。其中，身份验证被认为是最基本且最为必要的安全保护措施之一。

认证技术主要用于信息认证，即确认信息发送者的身份，防止被外来入侵者假冒；验证信息的完整性，即确认信息在传送或存储过程中未被篡改过。常用的安全认证技术主要有数字摘要、数字信封、数字签名、数字时间戳和数字证书等。

（一）数字摘要

数字摘要是通过单向 Hash 函数对不同长度的消息进行处理，生成长度固定的摘要码。发送方将该摘要码与消息一同传输给接收方，接收方使用相同的算法对消息进行处理，而后比较生成的摘要码与接收到的摘要码，如果一致，则可以确认消息仍具备完整性，没有遭受篡改（图 4-3-4）。

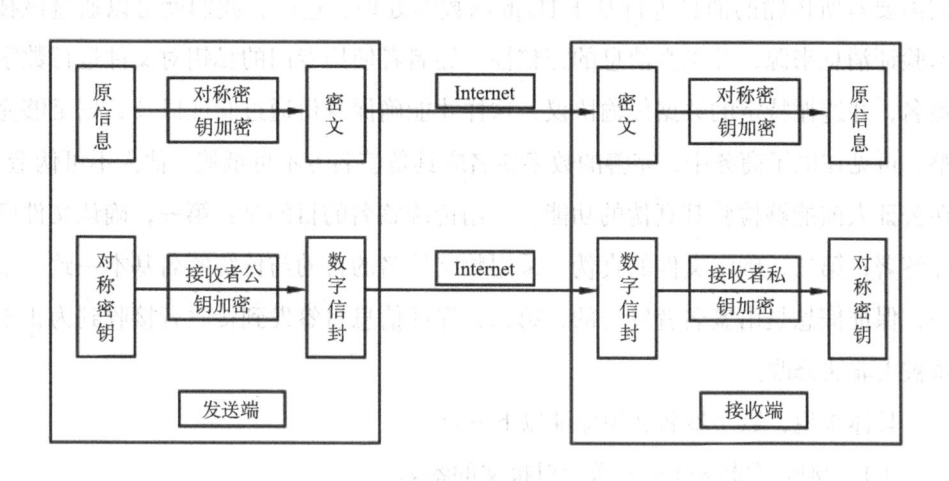

图 4-3-4 数字摘要工作原理示意图

（二）数字信封

信息发送方先使用对称密钥对信息进行加密，然后使用接收方的公钥对对称密钥进行加密（我们可以称其为数字信封），最后将加密后的对称密钥和信息一并传送给接收方。接收方通过使用私钥来解密接收到的信息，获得对称密钥，再用这个对称密钥解密信息。这一流程可以确保只有指定的接收者才能读取发送方发出的特定信息内容。

（三）数字签名

就对文件进行保密而言，除了使用加密技术，还可以通过传统方法，如发送方本人在文件上亲笔签名或盖章，再将签名和文件一起发送出去。这样一来，我们就可以确保文件的真实性，防止其被篡改。这种方法通常被应用于发送商业合同和银行支票等情境。但在信息数字化环境中，传统的签名技术已经不能满足时代要求了，于是出现了电子签名技术来模拟传统签名。所谓电子签名，就是把手写签名的视觉化形式转换为电子图像，用 BMP（位图）文件等图形保存下来。但从一个文件到另一个文件剪裁粘贴有效的签名很容易，而且文件在签名完成后也很容易修改。因此，电子签名始终未得到大范围应用。

不过，随着科学技术的不断革新，数字签名技术应运而生。数字签名是指人们需要对所传输的消息进行基于 Hash 函数的处理，这样，我们就可以通过该技术验证消息来源，并检查消息的完整性。签名者使用专门的私钥对文件进行数字签名，并遵循特定的数据传输协议，这样才能确保身份通过验证以及数据足够完整。可见在电子商务中，完善的数字签名应具备签名方不可抵赖、他人不可伪造、在公证人前能够检验其真伪的功能。使用传统签名的目的是：第一，确认文件已经签署；第二，确定文件的真伪。采用数字签名的目的与传统签名基本一致：第一，保证信息是由签名者发送的；第二，保证信息自签发到接收者接收到为止未曾被人非法修改。

具体来说，数字签名必须保证以下三点：

（1）接收者能够核实发送者对报文的签名。

（2）发送者事后不得否认对报文的签名。

（3）接收者不可伪造对报文的签名。

这样就能防止电子信息因容易被修改而被伪造发送，或已经发出（接收）的信息却被否认等情况发生了。目前，各国已经制定了相应的法律法规，把数字签名作为执法的依据。利用非对称加密算法（如 RSA 算法）进行数字签名是最常用的方法。

数字签名的工作原理及过程（图 4-3-5）如下：

（1）发送方使用单向 Hash 函数对要发送的明文进行运算，生成数字摘要。

（2）发送方使用私有密钥，利用非对称加密算法对生成的数字摘要进行数字签名。

（3）发送方通过公开的网络将信息本身和已经进行数字签名的信息摘要发送给接收方。

（4）接收方使用与发送方相同的单向 Hash 函数，对收到的信息进行运算，重新生成信息摘要。

（5）接收方使用发送方的公有密钥对接收的信息摘要进行解密。

（6）接收方通过比对已解密的数字摘要和重新计算的数字摘要来确认信息在传输过程中是否被更改过。若二者相同，则代表文件在传输过程中的完整性没有发生改变。

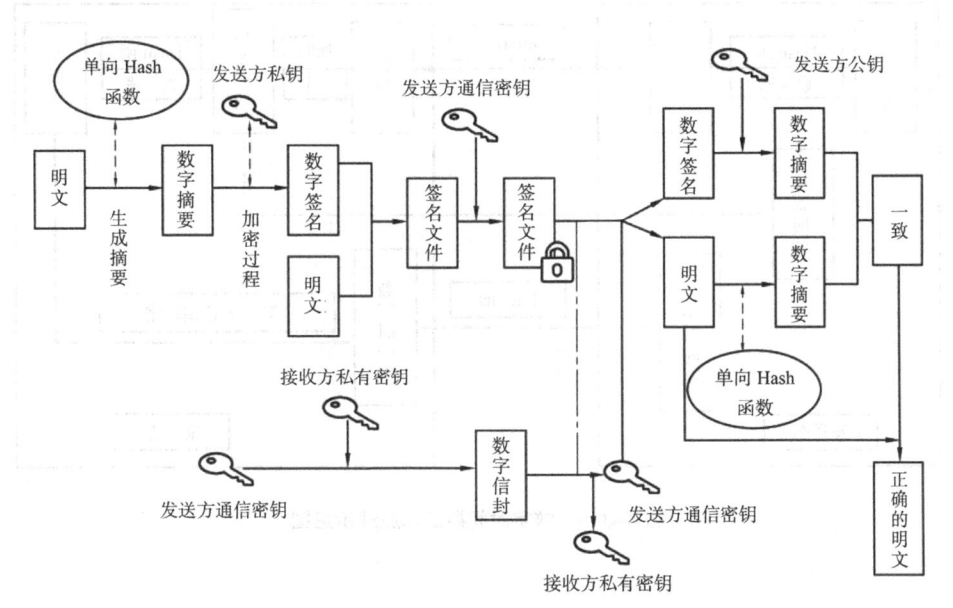

图 4-3-5　数字签名工作原理示意图

利用数字签名可以保证信息传输过程中的完整性、确认发送方身份，以及防止信息交换中的抵赖现象的发生。如果有第三方冒充发送方发送文件，只要第三方不知道发送方的私有密钥，那么解密出来的数字签名和经过计算的数字签名肯定不一致。

（四）数字时间戳

时间在交易文件领域被视为至关重要的信息之一，数字时间戳（Digital Time-Stamping，DTS）服务有助于确保电子文件的发布时间准确无误。从客观角度看，DTS 是一项网络安全服务，它是涵盖文件摘要、文件接收日期和时间，以及数字签名等关键信息的加密凭证文档。就数字时间戳产生过程而言，用户先会对需要添加时间戳的文件执行哈希计算，生成数字摘要，接着将该摘要发送至 DTS 系统，以获取文件的时间戳。DTS 将接收到的文件进行数字签名加密，并在获取文件摘要的日期和时间信息后将其发送回用户。在进行电子交易时，DTS 需要经由已得到相应授权和中立的第三方机构的验证（工作原理如图 4-3-6 所示）。我们可以将电子商务授权机构称作电子商务认证中心，其主要提供在线安全电子交易认证服务，负责颁发数字证书并核实用户身份。

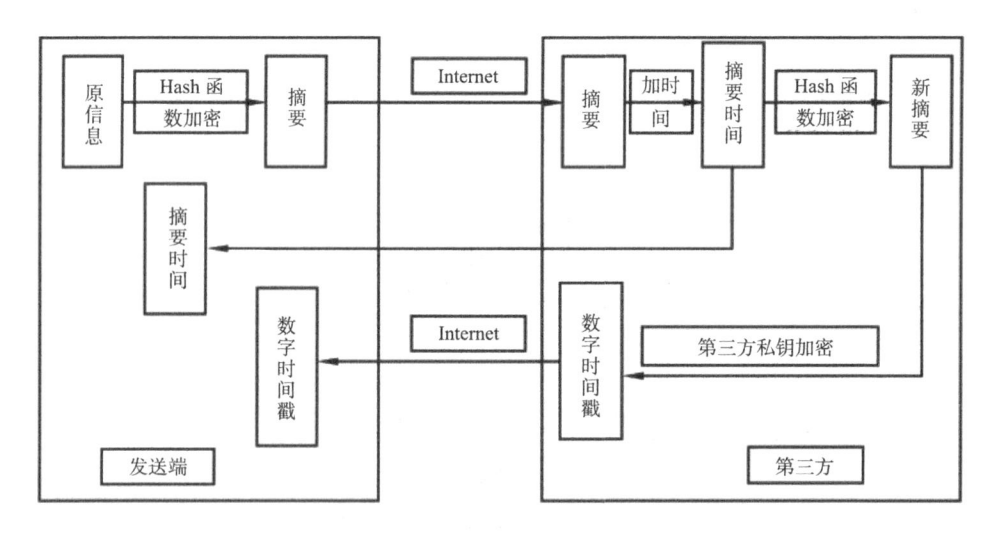

图 4-3-6 数字时间戳工作原理示意图

（五）数字证书

数字证书是一种电子凭证，可用于验证用户的身份并授予其访问网络资源的权限。就电子商务交易而言，如果双方都已验证了对方的数字证书，并在交易过程中使用该证书，那么双方就可以放心地相信彼此的身份是真实的，无须担心对方身份的合法性。数字证书是一种工具，具体涵盖证书版本、序列号、持有者姓名、持有者公钥、有效期等关键信息，以及颁发机构等其他重要细节，可以用其验证电子商务交易中涉及的个人身份信息。数字证书具有数字签名，因此外部人员无法擅自修改证书。在进行在线交易时，只有具备相应数字证书的信用卡，持有者才可参与确保安全的电子商务。

数字证书的种类有很多，除了持卡者证书和商家证书，还有支付网关证书、收单行证书和发卡行证书等。

1. 持卡者证书

我们可以通过持卡者证书来辨别持卡者的支付卡是否合法，该证书会得到可信的金融机构的数字签署。持卡者证书不会存储账号和过期日期，而是能够通过使用基于单向 Hash 算法的持卡者软件知晓的秘密值来代替账户信息。就 SET 协议而言，当持卡者在支付网关上进行信息验证时，他们需要提交账户信息以及相应的 Hash 值。支付网关会在发卡行验证用户身份后，为持卡者提供特定证书，以确保该持卡者的证书是可信且有效的。

2. 商家证书

一个商家可以获得一个或多个商家证书。商家的合法有效性和支付卡使用权会受信誉良好的金融机构的数字签名证书保障。此外，商家证书还需要经由收单行认可，以表明商家与收单行之间签署了特定协议。就 SET 协议而言，每个商家都持有一张可以对应特定支付卡品牌的证书。

3. 支付网关证书

支付网关证书是由支付网关证书的颁发机构 CA（Certificate Authority，证书的签发机构）签发的，该证书会被保存在收单行或其处理系统中。持卡者可以利用支付网关的公钥对对称密钥进行加密。持卡者系统需要能够支持支付网关验证功能。商家会向持卡者提供加密证书，用于确认商家身份，以确保支付网关合法，并保障支付指令的保密性。

4. 收单行证书

只有具备证书的收单行，才能有效处理商家发送的证书请求，并获得 CA 的批准。然而，收单行可能没有必要通过获取证书来处理证书请求，这是由于其不会涉及 SET 消息。

5. 发卡行证书

只有具备证书的发卡行才能基于公共网络或专用网络接收和处理持卡人的证书请求。不过，在不具备证书的情况下，发卡行只需选择使用支付卡品牌就可进行证书请求的代理处理，这是因为它不涉及 SET 消息。

三、防火墙技术

为了保护企业和个人电脑的安全，我们可以先完全隔离可信任的内部网络和不可信任的外部网络，然后在它们之间架构一种软、硬件相结合的系统来连接不同的网络，通过该系统来控制（如允许、拒绝）出入内部可信任网络的信息流，实现网络的安全，这就是防火墙。

（一）防火墙的定义

防火墙是一个能够控制信息流的系统，位于内部网络和外部不可信任设备之间。它可根据企业的整体安全策略来管理信息的进出流向。防火墙在防范攻击方面能够发挥重要作用，对于维护信息安全和网络安全至关重要。就逻辑层面而言，防火墙不仅能充当过滤和限制网络流量的工具，还具备智能分析的功能。在安全策略的指导和保证网络畅通的前提下，防火墙能从逻辑上有效隔离内部网络和外部网络之间的活动，尽可能保证内部网络的安全（图 4-3-7）。

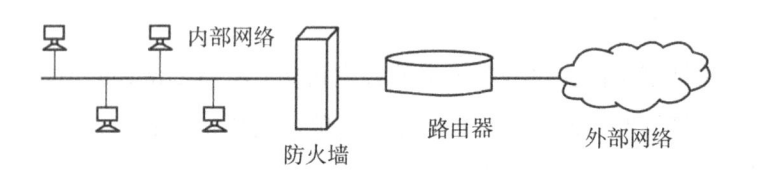

图 4-3-7 防火墙的逻辑位置图

根据防火墙的逻辑位置可得知，在考虑企业内部网的网络安全时，首先要考虑企业边界网的安全。防火墙是一类安全防范措施的总称，是一种有效的网络安全模型，是机构总体安全策略的一部分。防火墙可以根据企业的安全策略控制出入网络的信息流，可以提供信息安全服务，以及实现网络和信息的安全。

防火墙是在安全策略指导下的一种安全防御措施，策略是防火墙的核心。防火墙具有两种默认的策略：一是默认禁止策略，拒绝所有的流量，特殊指定能够进入和出去的流量的类型；二是默认允许策略，允许所有的流量，特殊指定要拒绝的流量的类型。

（二）防火墙的功能

使用防火墙的目的有如下几个方面：第一，确保内部网络不受未经授权的访问；第二，拒绝提供不安全的服务并拒绝非法用户；第三，对人们访问特定站点实施限制；第四，提供便利的局域网安全监测功能。由此可知，一款有效的防火墙产品需要具备的功能如下：

1. 强化公司的安全策略

公司的网络情况不一样、经营的业务不同，网络中存在的应用系统也不一样，这样，每一个公司在安装网络安全系统之前都会根据安全需求、业务需求等来规划网络安全策略。那么如何实现这些策略呢？这就需要有防火墙，并设置相应的防火墙安全规则和策略，让公司的安全策略真正落到实处，从安全技术上得以实现。

2. 实现网络安全的集中控制

如果没有防火墙，则整个内部网络的安全性都依赖于每一台主机和服务器，那么要使网络达到一定的安全程度，所有的主机和服务器都必须同时达到很高的安全性。换言之，该网络的总体安全性取决于最不安全的那台主机，这也印证了"木桶原理"，即木桶盛水的总量取决于最短的那块木板。随着网络规模的扩大，需要得到管理的主机数量也会增加，这会增加人们为网络安全提供保障的难度。然而，通过使用防火墙，该问题可以得到解决。防火墙位于内部网络和外部不可信任网络之间，它的有效性直接关系到整个网络的安全。这是因为防火墙能够有效地阻止内部网络直接暴露在外部不可信任网络面前。如此一来，相关技术人员可以将所有主机的安全管理整合为单个防火墙的安全管理，由分散管理演变为集中管理，进而提高管理的便捷性和可控性，同时提升网络安全水平。

3. 实现网络边界安全

防火墙隔离了可信任网络和不可信任网络，是可信任网络和不可信任网络之间数据包唯一的输入口，从而强制所有在这两个网络之间的数据流必须经过防火墙，并且受到防火墙的检查，进而保证只有安全的数据流才能通过，最终维护网络边界的安全。

注意：如果在可信任网络中，有多个接入点进入互联网中，有可能让防火墙产生通信旁路（图4-3-8），使防火墙失去作用，这时网络安全将会受到严重的威胁。因此，严禁防火墙内的可信任网络用户拨号上网。

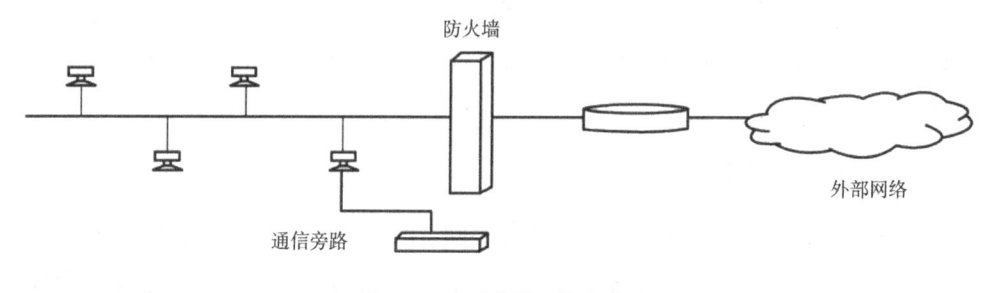

图 4-3-8　防火墙通信旁路图

4. 记录网络之间的数据包

防火墙还有一个重要的作用就是把所有进出的数据包实时地记录下来，并保存到日志中。有了日志，网络管理员在任何时候都可以判断是否有不安全的数据包进入企业的可信任网络中，而且能够从不同的角度统计出网络的使用状况。另外，防火墙的日志系统应该针对不同权限的管理员，智能地给出不同详细程度的报告。

（三）防火墙的分类

根据分类标准的不同，防火墙可以分为很多类别。

按防火墙实现技术方式来分，有包过滤型防火墙、状态检测型防火墙和代理服务器型防火墙。包过滤型防火墙，会对每一个传送到源主机的数据包，在网络层进行筛选，对于不合法的数据访问，会选择阻拦或丢弃。最常见的实际应用就是互联网上的路由设备，如 Cisco（思科）路由器。状态检测型防火墙，是在包过滤型防火墙的基础上增加了一个动态的状态表，它可以跟踪通过防火墙的网络连接和数据包，这样防火墙就可以确定该数据包是被允许还是被拒绝。代理服务器型防火墙工作于 OSI（开放系统互连参考模型）的应用层上，这个层次的防火墙的实现主要基于软件。从某种意义上讲，可以把这种防火墙看作一个翻译器，由它负责外部网络和内部网络之间的通信，两端通信终端不会直接联系，而是由应用层的代理负责接收和转发。由于网络连接通过中介来实现，因此恶意的侵害几乎无法伤害到被保护的真实网络设备。

从物理形态来分，有软件防火墙和硬件防火墙。软件防火墙就是将防火墙软件系统安装在流行的操作系统平台上，如 Windows 操作系统、UNIX 操作系统。在利用这些操作系统的时候，需要对它进行安全加固处理，删除不必要的服务。微软的 ISA 防火墙、Symantec Raptor 防火墙、Check Point 防火墙等都是较流行的软件防火墙。硬件防火墙就是将防火墙安装在专用的硬件平台和专用的操作系统上，以硬件形式出现，有的还会使用一些专用的 ASIC（专用集成电路）硬件芯片实现对数据包的过滤。硬件防火墙可以很好地减少系统的漏洞，性能更好。Cisco（思科）公司的 PIX 防火墙就是硬件防火墙。

四、虚拟专用网络

（一）VPN 的概念

VPN 全称为 Virtual Private Network，是指虚拟专用网络。从本质层面看，VPN 是一种私人网络，在互联网上建立，可通过隧道和加密方式确保数据传输安全。通过建立安全隧道、实施用户认证和访问控制等措施，即使在公共网络上使用 VPN，企业也可以保持网络安全，为数据的安全传输提供保障，使自己的网络达到类似于专用网络的安全水平。相对于建立专用网络，使用 VPN 的成本更低、可扩展性更高、管理更简单。

虚拟专用网络利用公用网如互联网，来搭建私人专用网络。当需要时，VPN 会从公用网中"挖走"一部分宽带，作为私用网使用；但是当通信停止后，这部分宽带又会还给公用网。"虚拟"的概念是相对传统私用网络搭建方式而言的，

VPN 不需要建设远程连接，而是通过互联网服务提供商（ISP）提供的公用网来实现广域连接。VPN 的使用者只需要接入本地提供 VPN 服务的 ISP 的接入服务提供点（Point of Presence，POP）就可以实现相互通信，而不用像传统的 WAN（广域网）一样需要架设专线，只要两者都接入了 VPN 服务，就可以直接通信。出差员工和外地客户只需要拥有本地或漫游的上网权限就可以直接访问企业内部资源。

（二）VPN 的基本用途

1. 通过互联网实现远程用户访问

虚拟专用网络支持以安全的方式通过公共互联网络远程访问企业资源。以往企业实现远程访问，需要使用专线或拨打长途电话连接企业的网络接入服务器（NAS）。而虚拟专用网络用户，则只需要拨通本地的 ISP 联通互联网的虚拟专用网络。

2. 通过互联网实现网络互联

可以采用两种方式实现 VPN 互联远程局域网络：使用专线连接分支机构和企业局域网、使用拨号线路连接分支机构和企业局域网。

五、入侵检测技术

入侵检测技术是动态安全技术中至关重要的一个组成部分。相对于传统的操作系统强化技术和防火墙隔离技术等静态安全防御技术，入侵检测技术更具灵活性和主动性，能够帮助人们更有效地应对不断变化的网络攻击手段。如果我们将防火墙视作网络的门卫，那么就可以将入侵检测技术视作内部网络的巡逻警察，它们能够不断监视网络的安全状态。借助对入侵行为的模式和特点进行分析，入侵检测技术有助于安全系统迅速响应入侵事件和行为。入侵检测系统是一种较为关键的手段，我们可将其用于分析各种事件并识别、发现可能违反安全策略的活动。入侵检测系统可以在计算机网络系统中对重要的数据和节点进行监视，还能基于模式识别和异常检测等技术，识别潜在的非法活动或攻击。

（一）入侵检测系统的功能

入侵检测系统在电子商务安全技术中扮演者至关重要的角色。它可以对网络安全问题进行监测和侦测。一个完备的入侵检测系统应当具备以下七个方面的功能：

（1）监视用户和系统的运行状况，查找非法用户和合法用户的越权操作。

（2）监测系统配置的正确性和安全漏洞，并提示管理员修补漏洞。

（3）对用户的非正常活动进行统计分析，发现入侵行为的规律。

（4）确保系统程序和数据的一致性与正确性。

（5）识别攻击的活动模式，并向网管人员报警。

（6）对异常活动进行统计分析。

（7）操作系统审计跟踪管理，识别违反政策的用户活动。

（二）入侵检测系统的模式

从分析方式上讲，入侵检测系统一般采用如下三种模式：模式发现、异常发现和完整性分析。

1. 模式发现

模式发现技术是一种通过识别特定的模式或特征来检测入侵行为的知识型检测技术。它可以识别和匹配已知的入侵方法，通过比对已知的网络入侵系统误用模式数据库，来发现模式并检测违反安全策略的行为，这就是实现模式发现的整体过程。这个过程可以采用简便方法加以呈现（如使用字符串匹配来查找基本条目或指令），也可以采用更复杂的方法加以呈现（如使用正规数学表达式来描述安全状态的变化）。通常情况下，特定的进攻模式可以被定义为执行特定操作（如发送指令）或实现特定目标（如获取权限）。这种方法的好处在于，运用该方法，人们仅需收集相关数据，由于其相关技术已经非常完善，因此能够有效降低系统负担。模式发现技术具有高精确度和高效率，可以发挥重要作用。然而，这种方法的弊端在于，运用该方法的人需要不断更新模式、发现技术，以应对黑客不断演化的攻击手段，因为它无法检测到全新的黑客攻击方式。就模拟发现而言，识别入侵的模式是比较关键的，成功识别入侵的模式能够准确地区分真实的入侵行为和正常行为。

2. 异常发现

异常发现技术本质上也属于检测技术，它以行为为基础，其基本原理是假设所有的入侵行为都在一定程度上表现出与正常行为不同的特征。从理论角度看，通过识别系统正常运行的规律，我们可以将与该规律偏离的系统状态视为潜在的可疑行为。异常发现技术根据使用者的行为或资源使用状况来判断某行为是不是入侵者，而不依赖于具体行为是否出现来检测，所以也被称为基于行为的检测。异常发现基于统计方法、使用系统或用户的活动轮廓来检测入侵活动。活动轮廓由一组统计参数组成，通常包括CPU（中央处理器）和I/O（输入/输出）利用率、文件访问、出错率、网络连接等。

3. 完整性分析

完整性分析不仅能帮助我们检查文件或对象是否被修改，还能帮助我们综合考虑文件与目录的内容和属性。运用这种技术，我们可以有效地检测应用程序是否被修改或是否被植入恶意软件。就完整性分析的优点而言，只要攻击成功导致文件或其他对象发生任何变化，相应系统都可以精确地检测到，无论是通过模式匹配还是基于统计分析方法。就完整性分析的缺点而言，通常情况下，我们需要将其用于批量处理而非实时响应。

六、反病毒技术

计算机病毒不是自然产生的，而是某些人利用计算机软件和硬件的漏洞所创建的具有特定功能的程序，与医学领域的病毒完全不一样。这种病毒可以隐藏于计算机存储器或程序中，在特定条件下被触发。在被触发之后，计算机病毒能够通过修改其他程序将其精确复制或以潜在形式插入其中，从而通过感染它们破坏计算机资源。简单地说，计算机病毒是一种在计算机系统运行过程中，能把它自身或有修改地复制到其他程序中，并具有破坏性的程序和代码。

（一）计算机病毒的特征

要研究反病毒技术，必须掌握计算机病毒的基本特征。一般而言，病毒具有以下四个特征：

1. 计算机病毒的传染性

在生物学领域，病毒可以通过不同的传播方式在不同的生物体之间传播。在合适的环境中，它有可能迅速繁殖，导致受感染的生物出现各种症状，甚至危及生命。同理，计算机病毒可以通过多种方式从一个已经受感染的计算机中传播到另一个未受感染的计算机中，进而可能导致被感染的计算机出现异常运行或系统崩溃的情况。计算机病毒代码由人类个体编写，一旦进入计算机并被执行，该病毒会寻找其他适合传播的程序或存储介质，然后将自身代码注入其中，以实现扩散。一旦一台计算机受到病毒感染，如果不立即采取行动清除它，那么这个病毒将迅速在计算机上传播，并通过数据交换或网络连接继续传播到其他计算机内。判断一个程序是否为计算机病毒的关键标准之一是看它是否具有传播能力。病毒程序会修改磁盘扇区信息或文件内容，然后将自己插入其中，以传播和感染其他系统。我们可以将被病毒插入的程序称为宿主程序。

2. 计算机病毒的破坏性

对于计算机病毒，一旦计算机系统遭受恶意软件入侵，它将会以多种方式干扰操作系统的正常运行。即使没有出现恶意软件干扰的现象，计算机系统资源仍会持续被使用，无论是计算机的内存空间、系统运行时间，还是计算机的存储空间，都会濒临崩溃。大多数病毒会干扰系统的正常运行，并通过文字或图像加以体现。此外，一些恶意软件可能会擅自删除文件、对硬盘数据进行加密，甚至致使整个系统和数据存储被封锁，对其造成的损失无法估量。所以，即使只有轻微的病毒程序侵入，也会影响系统的运行效率。严重情况下，病毒程序入侵会导致计算机数据丢失或系统瘫痪。

3. 计算机病毒的潜伏性

在精心设计的前提下，计算机病毒程序可以潜伏在系统中一段时间，不会立即展开行动，而是在未来的几周、数月，甚至几年内，悄悄植入合法文件中，感染其他系统，这个过程难以被人们察觉。随着时间的推移，病毒传播的范围会越来越广。就潜伏性而言，存在一种只能通过检测程序才能检查出来的病毒程序。在潜伏阶段，这种病毒很难被发现，因此，它有可能潜伏在计算机设备的存储介质中，等待时机启动并开始传播，造成不可估量的损失。第二种潜伏性的计算机病毒表现在当计算机病毒内部的触发要求未被满足时，即使传播了，也不会给计算机资源带来太大的破坏。当特定触发要求得到满足时，这类病毒程序会在屏幕上展示信息、图形或标志，而其中的一部分病毒则可能执行危害系统的操作，如清除磁盘、删除文件、加密数据或攻击系统致其瘫痪。

4. 计算机病毒的隐蔽性

计算机病毒程序通常体积较小，可隐藏在正常程序或磁盘隐蔽位置，少数病毒能够表现为隐藏文件，可以避开用户的视线。在没有进行代码审查的情况下，用户很难区分病毒程序和正常程序。在计算机系统没有足够的安全保护措施的前提下，计算机病毒程序一旦取得系统控制权，就会迅速传播并感染大量内容。受感染后，计算机系统通常会继续正常运行，用户可能无法发觉任何异常情况，就像计算机未曾受到任何干扰一样。我们可以想象一下，一旦计算机感染了病毒，如果它可以立即停止正常运作，那么它就能阻止病毒继续传播。因此，为了更好地隐藏，大多数病毒的代码会被设计得非常紧凑。计算机病毒通过伪装、隐藏或修改系统文件等手段，在用户毫无察觉的情况下传播，并在世界各地的大量计算机中蔓延。

（二）计算机病毒的分类

要想真正地识别病毒，及时地查杀病毒，就需要对病毒了解得越详细越好。病毒因为由众多分散的个人或组织单独编写，也没有一个标准来衡量，所以可从多个角度划分。一般按病毒在计算机中的传播方式来分，有引导型病毒、文件型病毒及混合型病毒三种。

1. 引导型病毒

开机后，在 DOS（Disk Operating System，磁盘操作系统）引导时被加载到内存并开始执行特定指令的病毒通常被人们称作引导型病毒。这类病毒通过文件形式存储于磁盘内，在 DIR 命令中无法被找到、没有名称，人们也不能通过 DEL 命令来删除它，被发现难度可谓相当大。"大麻病毒""圆点病毒""巴基斯坦大脑病毒"等都是引导型病毒。

2. 文件型病毒

我们可以将文件型病毒称作外壳型病毒,这种病毒主要依靠可执行文件,并以其为传播载体,一般会隐藏在文件扩展名为".com"和".exe"的程序中,并被嵌入在这些程序的开头或结尾。一旦包含恶意代码的可执行文件被计算机操作者运行,病毒将被激活并开始感染其他文件。通常情况下,文件型病毒主要感染可执行文件,一旦被感染的文件被打开并执行,病毒就可以接管系统并开始恶意传播,导致系统瘫痪和数据丢失。

3. 混合型病毒

混合型病毒综合了引导型病毒和文件型病毒的特性,可同时利用双重途径进行传播。这种病毒不仅能感染可执行文件,还能感染引导扇区,它的传播能力非常强大,这使得它更难被清除。FILP 病毒就是一个典型例子。

(三)计算机病毒的防御措施

采用技术和管理相结合的措施,完全可以防范计算机病毒。例如,给计算机安装防病毒软件、定期清理计算机、设定控制权限、警惕网络陷阱等。尽管会不断出现新的病毒,它们可能对现有计算机系统安全漏洞和反病毒软件中的缺陷加以利用,从而在一些计算机上造成一定程度的破坏,但只要人们保持警惕,依赖反病毒技术和有效的管理手段,这些新病毒最终都将被禁止传播,无法跨越计算机安全屏障。一旦检测到计算机病毒,计算机的防病毒软件将迅速升级,进而增强计算机的安全防护能力。

计算机病毒预防的关键是要在思想上重视计算机病毒可能会给计算机安全运行带来的危害,轻则影响工作,重则将磁盘中存储的无法以价值来衡量的数据和程序全部破坏掉,造成不可估量的损失。

第四节　电子商务安全协议

一、安全套接层协议（SSL）

安全套接层协议（Secure Sockets Layer，SSL），是由 Netscape（网景）公司设计并开发的一种安全技术规范，是为了在互联网上的两个节点之间建立安全的 TCP 连接的流程及使用的技术，从而实现兼容浏览器和服务器之间安全通信的协议。简单地说，SSL 就是支持两台计算机之间的安全连接，在使用浏览器访问 Web 服务器时，为提高安全性而约定的一些规定，包括在接到请求后的动作步骤、什么时候需要采用身份验证技术和加密技术等，SSL 协议能够保证采用该规范的信息传输是安全的。SSL 从工作原理上看，它工作于 TCP/IP 协议簇的传输层，因而，对于互联网的应用层协议的服务，SSL 都能够提供安全保护。SSL 有两种安全级别：40 位的密钥和 128 位的密钥。密钥越长，加密被破解的可能性就越小，安全性就越高。

（一）SSL 协议的基本安全服务

1. 认证服务

SSL 协议提供了认证服务，也就是保证了交易双方实体身份的合法性。这样使客户端和服务器端能够确信数据将被发送到正确的客户端或者服务器端。客户端和服务器端都有自己的识别号码，是由公开密钥来编排的。为了验证交易双方身份的合法性，安全套接层协议要求在握手交换数字时同时进行数字认证。

2. 加密服务

因为在传输的过程中使用了密钥机制，所以 SSL 协议保证了第三方不能破译两个实体之间的通信内容。安全套接层协议采用的加密技术中，既有对称密钥，也有公开密钥。在实际的交易过程中，在交易双方进行数据交换之前，先要交换 SSL 初始握手协议。在这个握手协议的信息中采用了多种加密技术，以保证数据的安全性和完整性，并且经过数字证书鉴别，这样就能防止非法用户的恶意破坏。

3. 完整性

SSL 协议使用 MAC（Message Authentication Code，消费认证码）来保证两个实体之间的通信内容不会被第三方篡改。SSL 协议采用 Hash 函数和机密共享的办法来保证数据的完整性。

（二）SSL 协议的安全交易流程

SSL 协议的安全交易流程如下所述（图 4-4-1）：

（1）客户支持 SSL 协议在网上进行商品浏览或选购。

（2）在决定购买后，向商家的服务器发出采购订单信息和付款信息，从这时开始，SSL 协议开始工作。

（3）商家在收到客户的订单信息和付款信息后，先将付款信息向银行进行转发，要求银行对该付款信息进行验证。

（4）在获得银行的认证或付款交易成功后，商家通知客户购买实现并开始向客户发送货物，客户在得到商家的通知后将交易数据保存或打印备份，作为交易实现的凭证。

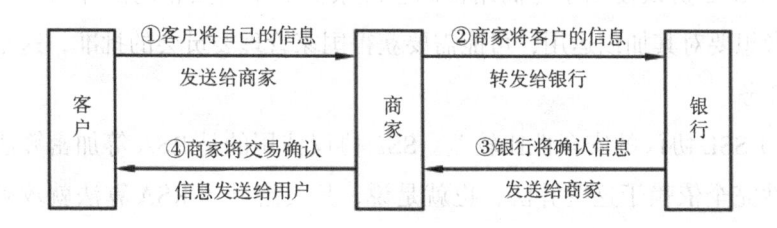

图 4-4-1　SSL 协议安全交易流程

（三）SSL 协议的优点

SSL 协议作为一个被广泛采纳和应用的电子商务交易的支付协议，具有下述优点：

（1）支持很多加密算法，可以使用 40 位或者 128 位的密钥，如可以采用 DES、Triple DES 或 RSA 等加密算法，在收发数据前双方可以协商加密算法。

（2）SSL 协议的实现过程比较简单，并且 SSL 协议工作于传输层，独立于应用层协议，能够对任何应用层协议提供透明的安全服务。

（3）被大部分的浏览器和 Web 服务器所内置，如 IE（微软网页浏览器）和 Navigator（网际浏览器）都支持 SSL 协议，IBM 等公司和 Cyber Cash（网络现金）信用卡支付系统也都支持 SSL 协议。

（四）SSL 协议的缺陷

因为 SSL 协议是一种结构简单、费用低廉的安全协议，所以它在性能上存在着很多的缺陷，具体如下所述：

（1）密钥管理问题。因为 SSL 协议是通过密钥来实现数据保密的，所以交易双方在交换密钥时安全性也受到了考验。设计一个安全性高的密钥交换协议是很复杂的，SSL 协议也不能很好地解决密钥的管理问题。在这个方面，SSL 协议的缺点具体表现为：在握手协议的接通阶段，交易双方会交换自己能够支持的密钥算法，但是交换的信息是以明文的方式来传送的，这样在传送的过程当中就有被其他人恶意修改的风险；所有的会话密钥中都会生成 Mater-key，握手协议的安全完全要依赖于对 Mater-key 的保护，因此在整个通信过程中要尽可能地减少使用 Mater-key，以免被人破解。

（2）SSL 协议使用了《商用密码管理条例》中所禁止的国外密码算法，因此操作者想要对其加以运用，可能需要获得国家管理委员会的批准，这是极具挑战性的任务。

（3）SSL 协议的安全性比较差。SSL 协议使用的是 RSA 等加密算法，并且其安全性完全依赖于这些算法，也就是说，只要解开了 RSA 算法就攻破了 SSL 协议。这些密钥的安全性现在看来并不是很高，所以 SSL 协议的安全性也受到了人们的质疑。现在已经有专家和黑客能够攻破 SSL 协议的对外出口版本。

加之美国的相关法律规定，对密钥长度多于 40 位的加密密钥产品的出口要加以限制，这更使设计 SSL 协议的 Netscape 公司所设计的 128 位加密密钥在美国境外的使用变成了非法的，也使 SSL 协议的安全性在非美国地区变得不能让人完全信任。现在不少公司正在不断开发新的产品来解决 SSL 协议的各种问题。例如，微软公司的私人通信技术（Private Communication Technology，PCT），这种协议会衍生出一种专门的身份验证密钥，并且这个密钥不属于美国有关规定的管辖范围，这样就解决了 SSL 密钥的位数问题。

二、安全电子交易协议

安全电子交易协议（Secure Electronic Transaction，SET）是世界上已经标准化的一种国际网络信用卡付款机制。消费者发出的支付指令，在由商户送到支付网关之前，是在公用网上传递的，因此，必须考虑公用网上支付信息的安全性。这一点与持卡人在POS（销售点情报管理系统）机上消费是不同的。因为从商户POS机到银行之间使用的是专线。在这种需求的推动下，VISA（维萨）与Master Card International（万事达卡国际组织）联合推出了SET协议，并且由众多信息产业公司，如Microsoft（微软）、Netscape（网景）等共同协作发展而成。SET协议确保了网上交易所要求的完整性、保密性、数据的不可否认性和交易的身份认证。

想要开发一个面向广泛用户群体的电子商务系统，在技术方面存在的主要挑战是如何保证信息传输的准确性，以及如何保证信息在传递过程中的保密性和完整性。对于前者，人们已经通过诸多数据交换协议加以解决；对于后者，如今尚未出现妥善的解决办法，这个问题已经引起了工商界、学术界、消费者群体的广泛关注。因而，西方专家和商界将很多人力资源与财力资源投入该领域的研究中，最终在1996年推出了一系列安全数据交换的标准协议模式，如SET和SEPP（Secure Electronic Payment Protocol，安全电子支付协议）等。Netscape、IBM、VISA、Master Card International以及几家美国大银行于1997年4月联手建立了一个国际组织，推出了名为Net Commerce的网络商业系统，该系统以SET和SEPP协议为基础。这个系统涵盖了B2B、B2C、商业和支付等多个领域。随着安全网络数据交换协议在电子商务系统中的普遍采用，现有企业的运营模式和商业交易方式将会发生重大转变。这对于技术发展而言具有里程碑的意义，也是社交网络和信息技术发展中至关重要的一步，对未来社会的进步具有极其重要的意义。由于SET协议是基于互联网的TCP/IP标准和WWW的技术规范，并以安全网络数据交换为宗旨，所以一经提出就立刻受到普遍欢迎。

SET协议主要通过使用密码技术和数字证书的方式来保证信息的机密性和安全性。1997年5月底，SET Specification Version1.0开始发布，它是面向B2C模式且完全针对信用卡来制定的，涵盖了信用卡在电子商务交易中的交易协定、信息保密、资料完整等各个方面，是为了在互联网上进行在线交易时保证用卡支付的安全而设立的一个开放的规范,现在已经成为事实上的行业标准。

(一) SET 协议的主要目标

(1) 防止数据被非法用户窃取,保证信息在互联网上安全传输。

(2) 使用双签名技术保证电子商务参与者信息的相互隔离。客户的资料加密后通过商家到达银行,但是商家不能看到客户的账户和密码信息。

(3) 解决多方认证问题。不仅对客户的信用卡认证,而且要对在线商家认证,实现客户、商家和银行间的相互认证。

(4) 保证网上交易的实时性,使所有的支付过程都是在线的。

(5) 提供一个开放式的标准,规范协议和消息格式,促使不同厂家开发的软件具有兼容性和互操作功能。可在不同的软硬件平台上执行并被全球广泛接受。

(二) 基于 SET 协议的购物流程

一个较为简单和完整的基于 SET 协议的购物流程如下所述(图 4-4-2):

(1) 持卡人使用浏览器在商家的 Web 页面上查看和浏览在线商品及目录。

(2) 持卡人选择要购买的商品。

(3) 持卡人填写订单,包括项目列表、价格、总价、运费、搬运费和税费等。订单可通过电子化方式从商家传过来,或由持卡人在电子购物软件上建立。有些在线商店允许持卡人与商家协商物品的价格(如出示老客户证明或给出竞争对手的价格等)。

(4) 持卡人选择付款方式,此时 SET 协议开始介入。

(5) 持卡人通过网络发送给商家一个完整的订单及要求付款的指令。在 SET 协议中,订单和付款指令由持卡人进行数字签名,同时,利用双重签名技术保证商家看不到持卡人的账号信息。

(6) 商家接受订单,通过支付网关向有关的金融机构请求支付认可。在金融机构确认和批准交易后,支付网关给商家返回确认信息。

(7) 商家通过网络给持卡人发送订单确认信息。客户端软件可记录交易日志,以备将来查询。

(8) 商家为持卡人配送货物,完成订购服务。

(9) 商家可以立即请求银行将钱从持卡人的账号转移到商家账号,也可以等到某一时间，请求成批划账处理。至此，一个购买过程结束。

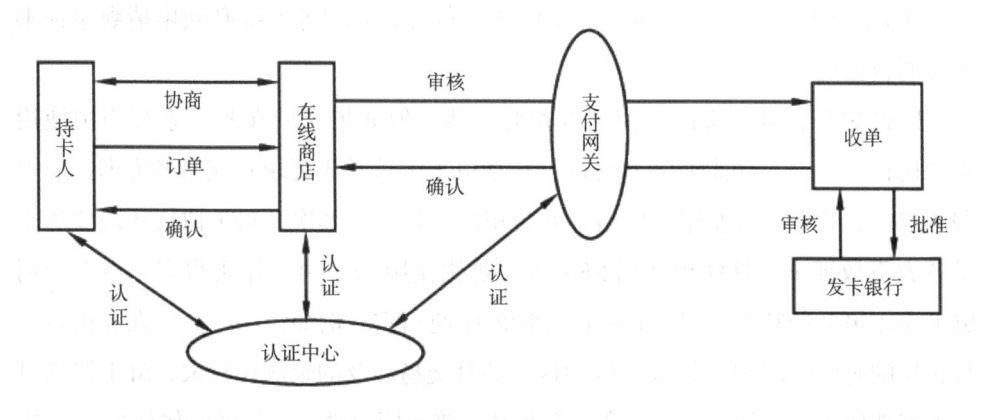

图 4-4-2 基于 SET 协议的购物流程

（三）SET 协议的优势

SET 协议具有下述七个优点：

（1）它是一个提供多方通信的报文协议，它定义了有关银行卡交易中商家、客户、银行等交易各方在交易的时候必须遵守报文规范，而 SSL 协议则只能在客户端和服务器端之间建立一条安全链接。

（2）SSL 协议在进行报文的时候需要实时通信，也就是需要双方都在线。而 SET 协议不要求交易各方在交换报文的时候都在线。

（3）SET 协议不仅可以在互联网上使用，也可以在公共网络和银行内部网络等其他网络上使用。而建立在 SSL 协议上的支付系统只能和 Web 浏览器捆绑使用。

（4）SET 协议能更好地保护用户的信用卡号不会在通信的时候被窃取，它替用户保守了更多的机密信息，使用户可以放心地在网络上进行有关银行的交易。

（5）SET 协议是由 VISA、Master Card International 推出的安全协议，而这两个公司是信用卡方面的权威机构，这样就使得 SET 协议能够比较容易地被广泛应用。当 SET 协议被应用到互联网上的时候，这两个机构可以利用自己的技术使用户在使用信用卡的时候承担比较低的风险。这样，SET 协议在和其他协议竞争的时候就会更具有优势。

（6）SET 协议为参与信用卡交易的各方定义了互操作接口，每个交易系统都可以使用不同厂商的产品来构造自己的服务器。

（7）SET协议的安全性需求比较高，参与交易的各方都必须申请数字证书来证明自己的身份。

除此之外，SET协议的使用也相对灵活。但如果我们在整个系统当中使用SET协议的话，那么代价是很大的，因为SET协议首先要求在交易各方即在商家服务器端、客户端以及银行网络上安装相应的软件；其次，SET协议还需要为交易各方发放证书，这使得使用SET协议要比使用SSL协议昂贵得多。现在利用SET协议灵活的特点可以只在一部分情形中使用它。例如，一些商家在和银行进行交易的时候使用SET协议，因为这一部分交易涉及的金额比较大，SET协议可以很好地保护商家的利益，而商家在和其他普通用户进行交易的时候使用SSL协议，这样就回避了需要为客户端安装专用软件的问题。采用这种做法，商家就可以只付出较小的代价而得到使用SET协议带来的更高的安全保证。现在大多数商家很好地利用了SET协议这一灵活的特点。

三、SSL协议与SET协议的比较

下面从四个方面来比较SSL协议和SET协议的异同：

1. 认证机制

SET协议的安全要求较高，因此所有参与SET交易的成员（持卡人、商家、支付网关等）都必须先申请数字证书来识别身份，而在SSL协议中只有商店端的服务器需要认证，客户端认证则是有选择性的。

2. 设置成本

持卡人希望申请SET交易，除了必须先申请数字证书，还必须在计算机上安装符合SET规格的电子钱包软件，而SSL交易则不需要另外安装软件。

3. 安全性

一般公认SET协议的安全性比SSL协议高，主要是因为在整个交易过程中，包括持卡人到商店端、商店到付款转接站再到银行网络，都受到了严密的保护，而SSL协议的安全范围只限于持卡人到商店端的信息交换。

4. 基于 Web 的应用

SET 协议是为信用卡交易提供安全保证的，它更通用一些。然而，如果电子商务应用只通过 Web 或是电子邮件，则可能并不需要 SET 协议。

在整个电子商务交易的过程中，支付系统起着非常关键的作用，在现在的互联网上有很多基于不同技术的支付系统被广泛使用着，但是这些系统的核心技术走向一直没有得到统一。此时，出现了一个非常严峻问题：到底什么样的技术才有更好的发展前景呢？现在互联网上使用的 SET 协议和 SSL 协议是主要流行的两种通信协议，两者都提供了通过互联网进行电子交易支付的手段，两者都被广泛地使用是因为它们都有各自的优点。

【实训案例】

如何取消手机免密支付

李某捡到了一部手机，接着利用小额免密付款功能，通过为自己的支付宝账户付款的方式进行盗窃，最终盗取了数千元。后来，李某又盗窃了一部手机，在未经许可的情况下，使用手机中的支付宝进行购物。开通免密支付功能在方便用户支付的同时，会带来很多安全隐患。下面介绍如何取消手机免密支付：

一、手机端支付宝如何取消免密支付

（1）登录手机端支付宝，点击"我的"→设置图标。

（2）进入"设置"页面后，点击"支付设置"→"免密支付/自动扣款"，可以看到已签约的"免密支付/自动扣款"服务。

（3）点击选择一个已签约的服务，如点击"芝麻 GO 服务自动扣款"→"关闭服务"→"确认关闭"，即可取消该服务的"免密支付/自动扣款"。

二、手机端微信支付如何取消免密支付

（1）登录手机端微信，点击"我"→"钱包"→"支付设置"。

（2）进入"免密支付"页面，选择其中一个已开通的服务功能，如选择"晋中公交微信免密支付"，点击"关闭服务"即可取消该服务的"微信免密支付"。

【思考讨论】

试举例说明手机免密支付会为用户带来怎样的安全隐患。

【归纳提高】

解决电子商务安全问题应遵循"七分管理，三分技术"的原则。增强安全管理的意识，建立完善的安全管理制度并严格执行这些制度，是预防安全问题的有效途径。稳定、可靠的技术措施是解决电子商务安全问题的手段，电子商务的安全技术主要包括加密技术、认证技术、防火墙技术等。安全、高效的安全协议是对电子商务技术的综合应用，也是实现安全交易的保障。

【思考题】

（1）电子商务安全包含哪些内容？

（2）电子商务安全需求有哪些？

（3）保障电子商务安全，主要有哪些安全技术？

（4）电子商务交易中有哪些常用的安全交易协议？各自的工作流程如何？试比较它们的优劣。

第五章　电子商务运作

电子商务在互联网发展迅猛的大环境中获得了新的发展机遇，加上良好的发展政策，促使我国的电子商务在短时间内得到了极大程度的发展，衍生出多种类型的运作模式。本章主要内容为电子商务运作，囊括了电子支付、网络营销、电子商务网站建设和电子商务物流。

【知识点框架图】

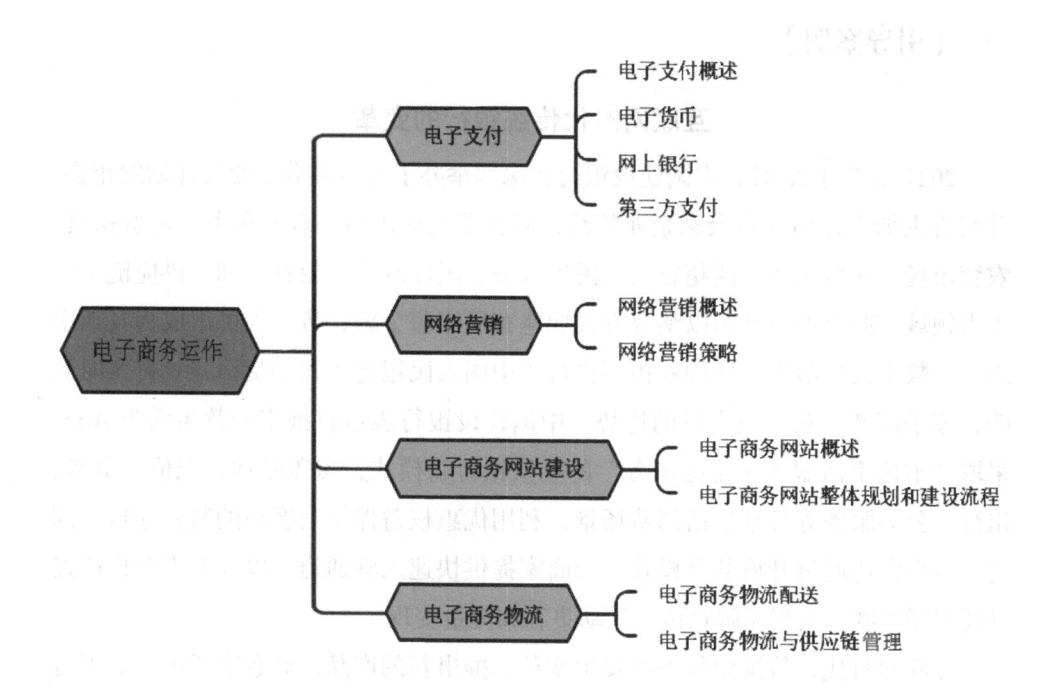

```
                          ┌─ 电子支付概述
                          ├─ 电子货币
                ┌─ 电子支付 ┤
                │         ├─ 网上银行
                │         └─ 第三方支付
                │
                │         ┌─ 网络营销概述
                ├─ 网络营销 ┤
电子商务运作 ───┤         └─ 网络营销策略
                │
                │              ┌─ 电子商务网站概述
                ├─ 电子商务网站建设 ┤
                │              └─ 电子商务网站整体规划和建设流程
                │
                │            ┌─ 电子商务物流配送
                └─ 电子商务物流 ┤
                             └─ 电子商务物流与供应链管理
```

【学习目标】

一、知识目标

（1）电子货币、网上银行、第三方支付的相关知识。
（2）网络营销的含义及特点，网络营销策略。
（3）营销型网站的建设流程。
（4）电子商务环境下的物流系统。

二、技能目标

（1）了解电子支付的体系，掌握常用电子支付工具的使用方法。
（2）掌握开展网络营销的主要手段和方法。
（3）了解营销型网站的整体规划和建设流程。
（4）了解电子商务物流配送的类型，供应链的管理。

【引导案例】

互联网时代传统银行的变革

2021年7月22日，中国建设银行在深圳举办了新金融数字便民计划发布会，并与首批加入计划的百余家企业签约，涵盖了交通出行、政务服务、消费扶贫、农贸市场、住房租赁、商超餐饮、民生服务、医疗健康、教育培训、供应链金融十大领域。商业银行开始以整合方式加速布局零售金融，数字人民币成为其抓手之一。数字人民币作为一种零售型央行（中国人民银行）数字货币，具有实时到账、零手续费、双离线支付的优势。中国建设银行表示将推出一款生活类App，采取"本地生活服务+金融服务"的场景银行新模式，覆盖餐饮、充值、电影、出行、公共服务等日常生活消费场景，利用优惠权益保持与客户的紧密连接。同时，该平台还通过开放共享模式，为商家提供快速入驻通道，以线上平台推广提升商家曝光度，实现品牌宣传、活动集客和流量变现。

互联网时代，传统银行不断发生变革，推出新的产品，如数字货币、云闪付等。《中国银行家调查报告（2020）》显示，超半数银行将推进智能化与数字化建设作为战略重点。

第一节　电子支付

一、电子支付概述

以互联网为核心的信息技术的飞速发展，使电子商务不断发展并渗透到了经济活动的各个领域，也改变了传统资金的流转模式，使资金运作虚拟化、网络化，资金流转更加高效、成本更低，但这对传统的支付系统、支付方式形成了冲击。为了更好地满足电子商务对支付结算的需求，电子支付应运而生。

（一）电子支付的概念及特征

传统支付方式包括现金、票据和信用卡等，这些支付工具都呈现为实体形式，在安全、不可否认、完整度等方面都有一定的保障。针对这些支付方式的特点，人们已经建立了一个完善的管理运行模式。但由于是以手工操作为主，因而通过传统的通信方式来传递凭证、实现货币的支付结算，会出现凭证传递时间长、结算成本高、资金周转慢、在途资金积压大的情况，无法满足电子商务高效、便捷的支付结算需求。那么，如何为世界范围内的电子商务活动的支付问题提供配套服务？如何处理每日通过网络产生的成千上万个交易流的支付问题？答案只有一个：利用电子支付。

1. 电子支付的概念

电子支付是指消费者、商家和金融机构等三方借助信息网络和安全的信息传输手段，进行数字化货币支付或实现资金流转的一种金融方式。

2. 电子支付的特征

与传统的支付方式相比，电子支付具有下述特征：

（1）先进的支付方式。电子支付是采用先进的技术通过数字流转来完成信息传输的，其各种支付方式都是通过数字化的方式进行款项支付的；而传统支付方式则是通过现金的流转、票据的转让以及银行的汇兑等方式来完成款项支付的。

（2）开放的工作环境。电子支付的工作环境基于一个开放的系统平台，即互联网；而传统支付则是在较为封闭的系统中运作。

（3）较高的设备要求。电子支付使用的是先进的通信手段，如 Internet、Extranet，而传统支付使用的则是传统的通信媒介；电子支付对软、硬件设施的要求很高，一般要求有联网的计算机、相关的软件及其他一些配套设施，而传统支付则没有这么高的要求。

（4）可靠的支付效率。电子支付具有方便、快捷、高效、经济的优势。用户只要拥有一台能上网的 PC 机，便可足不出户，在很短的时间内完成整个支付过程。支付时长仅相当于传统支付的几十分之一，甚至几百分之一。

（二）电子支付系统

1. 电子支付系统的基本构成

电子支付几乎涉及电子商务活动的所有实体，它的实现需要一个由网络连接的所有实体组成的复杂体系的支持。如图 5-1-1 所示，展示了电子支付中的参与各方及其职能。

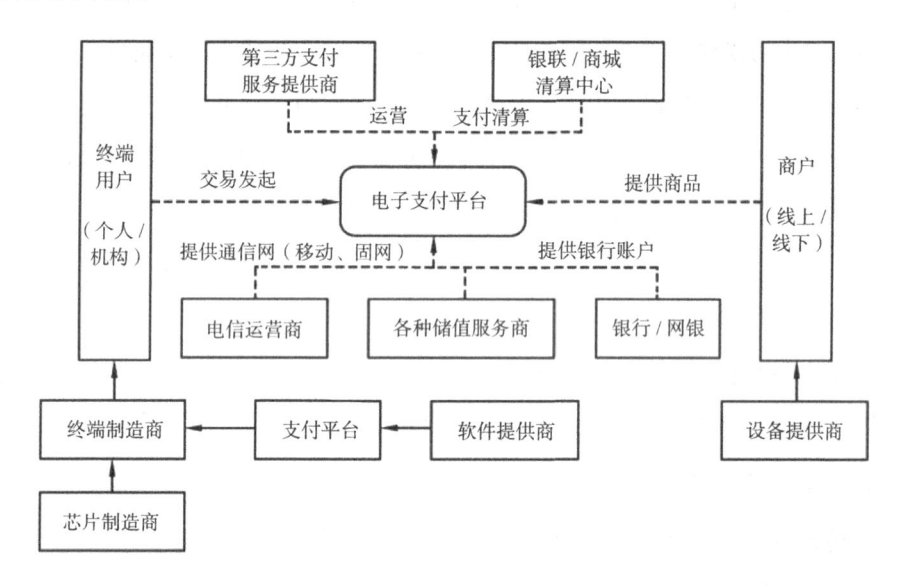

图 5-1-1 电子支付参与各方全视图

归纳起来，电子支付系统的基本构成包括支付活动的参与主体、支付工具，以及遵循的支付协议等几个部分（如图 5-1-2 所示）。

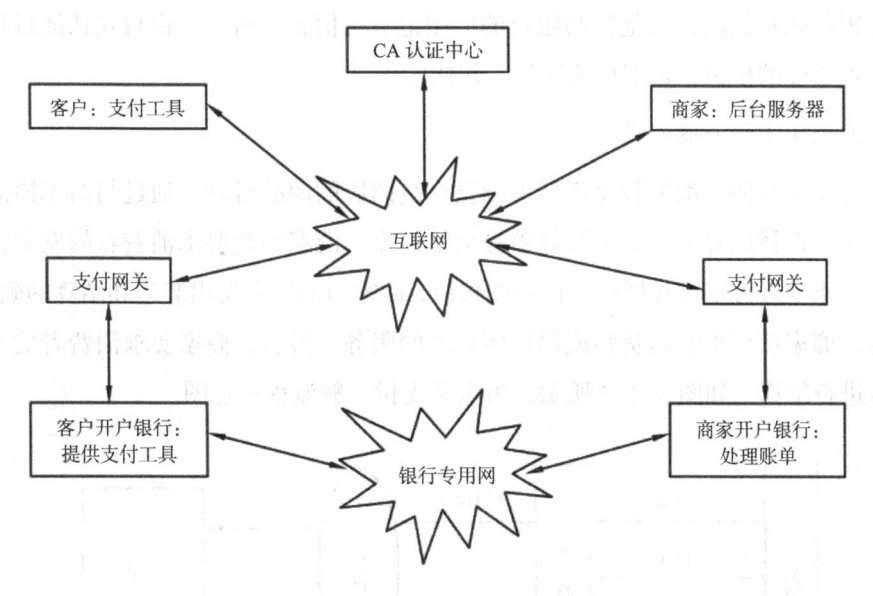

图 5-1-2 电子支付系统的基本构成

其中,支付活动的参与主体包括客户、商家、银行和认证中心四个部分。为了保障电子商务的安全性,一些公司和机构制定了电子商务安全协议来规范在 Internet 上从事商务活动的流程。电子支付中用到的协议主要有 SSL 协议和 SET 协议。以下重点分析电子支付活动的参与主体:

(1)客户。客户一般是指商品交易中负有债务的一方。客户使用支付工具进行网上支付,是支付系统运作的原因和起点。

(2)商家。商家是商品交易中拥有债权的一方。商家可以根据客户发出的支付指令向金融机构请求资金入账。

(3)银行。各种支付工具都要依托于银行信用,没有信用便无法运行。作为参与方的银行方面会涉及客户开户行、商家开户行、支付网关和银行专用网等主体。

(4)认证中心(CA,Certificate Authority)。电子支付系统实现了传统的信用关系的数字化,支付结算参与方仅以在线电子数据形式存在,因此,需要建立 CA 认证系统,以确保身份验证足够可靠。在为支付网关、客户、商家等各个参与方颁发数字证书时,认证机构需要对各方的身份进行验证,以确保网络支付足够安全。为了完成这项验证,认证机构需要验证参与者的信用状况,包括检查他们的银行账户情况以及他们与银行的信用记录等信息。所以，银行在认证过程中扮演着重要的角色，是不可或缺的合作伙伴。

2. 电子支付一般流程

电子支付的一般流程是消费者浏览在线商店的商品目录，通过与商家协商选定商品，选择结算方式，填写订单提交给商家。商家据此要求消费者的发卡银行对支付指令进行审核和授权。得到授权后，商家向消费者发出装运和结算的确认。接着，商家按订单装运货物或提供所要求的服务。最后，商家要求消费者的发卡银行进行结算。如图5-1-3所示，为电子支付一般流程示意图。

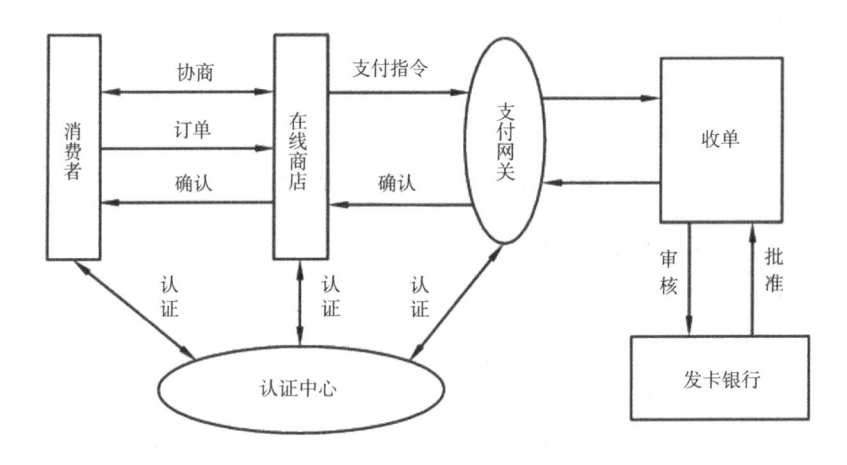

图 5-1-3　电子支付的一般流程

3. 电子支付系统的种类

电子支付系统通常包括信用卡支付系统、电子转账支付系统和电子现金支付系统三种类型，它们所涉及的支付工具有很大差异。

电子支付系统是现代电子商务和金融服务的重要组成部分，它通过互联网或计算机网络实现资金的电子转移和支付。各种支付工具具有明显的不同之处，所以它们的支付流程也有所区别。一些已经开发的各种支付系统通常只注重提升特定支付方式的效率。例如，SET协议是用于处理信用卡交易的；而FSTC（Financial Services Techology Consortium）则是电子支票支付系统，由美国金融服务技术联合会研发；Mondex（电子钱包）是专注于电子现金支付的。

二、电子货币

电子货币是现代商品经济快速发展的结果,其产生源于计算机技术介入货币流通领域,能够有效促进资金流通。电子货币是利用银行的电子存库系统和各种电子清算系统记录和转移资金的一种货币。电子货币已经渗透到了人们生活的各个领域,银行的库存、贷款、汇款等柜台服务大都借助计算机系统实现,代发工资、代收费、通存通兑、银行卡、电子支票、电子现金等多种银行业务就是电子货币的各种表现形式。

(一)电子货币概述

1. 电子货币的定义

电子货币作为当前最新的货币形式,自20世纪70年代以来,其应用越来越广泛。随着电子商务的迅速发展,不同类型的数字货币,如电子现金和电子支票,已经在社会各个领域流行起来。各国的数字货币在制作和发行方面存在差异,但它们的基本形式大体相似。借助于电子货币,用户可以交换现金或存款,并能将现金以数字形式存储在可识别和可变更的电子设备中。在偿还债务时,用户可以通过电子转账直接将款项转至收款人账户。从本质层面看,以电子货币的方式实现资金转移,主要基于银行数字账户和清算系统。

电子货币既有一般意义上货币的含义,又不同于一般的货币。目前,对于电子货币的定义有多种说法。一般认为,电子货币既包含传统在金融专用网上使用的基于卡介质的电子货币,又涉及在互联网上的各种支付方式。也就是说,电子货币是指以金融电子化网络为基础,以商用电子化机具和各类交易卡为媒介,以电子计算机技术和通信技术为手段,以电子数据(二进制数据)形式存储在银行的计算机系统中,并通过计算机网络系统以电子信息传递形式实现流通和支付功能的货币。电子货币集储蓄、信贷和非现金结算等多种功能于一体,具有比现金更简便、安全、快捷的优势,所以得到了广泛应用。电子货币除具有传统货币的一般属性,还具有以下一些特有的属性:

(1)纸质货币是由中央银行或特定金融机构专门制作和发行的。发行电子货币的方式是区别于传统货币的。就当今社会而言,中央银行、传统金融机构,甚至非金融机构都纷纷涉足电子货币领域,其中,非金融机构的参与尤为突出。

（2）纸币是在中央银行和国家信誉的背书下发行的官方货币，经各国货币机构设计、监管和更新，可以得到普遍认可、实现广泛流通，是被大众广泛接受和使用的通用货币形式。相比之下，大多数数字货币是由不同机构自行设计和开发的，具备一定的特点。它们的安全性主要取决于发行者的声誉和资产，因此不同的数字货币存在着不同程度的风险。此外，设备条件和相关规定也会约束数字货币的适用范围。就算中央银行发行了代表国家的数字货币，人们如果没有适当的硬件设备，也不会被强制接受这一类型的货币。

（3）进行传统货币交易的双方无法完全匿名，也无法完全保障隐私。交易参与者可能会在某种程度上知道对方的一些个人信息，如长相、性别等。而电子货币不仅可以记录所有交易细节，还能隐匿交易者身份。当然，对于如传统货币一样的非匿名交易，电子货币也是可以实现的。

（4）传统货币的防伪依赖于物理设置，而电子货币的防伪则采取电子技术和通信技术上的加密法或认证系统来实现。

（5）电子货币技术标准的制定、电子货币的推广应用，在大部分国家具有半政府半民间的性质，一般是由企业负责技术安全标准的制定，政府侧重于推广应用。

2. 电子货币的种类

根据不同标准，电子货币能被划分为不同种类，一般可以分为以下几种：

（1）按照被接受程度分类。以被接受程度为标准，我们可以将电子货币分为两种类型："单一用途"电子货币与"多用途"电子货币。只有特定发行者（机构）可以发行"单一用途"电子货币，而且只在特定场合或商家处才能兑换或使用它，只能将其用于购买特定商品或服务，餐饮卡、电话卡都属于此范围。"多用途"电子货币是一种被大多数商家接受的数字货币，可用于购买商品和服务，同时可以用于存储和提取资金，借记卡、信用卡都属于此范围。

（2）按照电子货币的形态分类，一般可分为以下四种类型：

①储值卡型电子货币。一般以磁卡或IC卡（集成电路卡）形式出现。发行主体在预收客户资金后，发行等值储值卡，使储值卡成为独立于银行存款之外的新的"存款账户"。同时，在客户消费时，储值卡会以扣减的方式支付费用，这

也就相当于存款账户支付货币。储值卡中的存款目前尚未在中央银行征存准备金之列，因此储值卡可使现金和活期储蓄需求减少。

②信用卡应用型电子货币。指商业银行、信用卡公司等发行主体发行的信用卡或准信用卡。可在发行主体规定的信用额度内贷款消费，之后于规定时间还款。信用卡的普及使用可扩大消费信贷，影响货币供给量。

③存款利用型电子货币。主要有借记卡、电子支票等，用于对银行存款以电子化方式支取现金、转账结算、划拨资金。该类电子化支付方式的普及使用能减少消费者往返于银行而出现的额外费用，还可加快货币的流通速度。

④现金模拟型电子货币。主要有两种：一种是基于互联网网络环境使用的且将代表货币价值的二进制数据保管在微机终端硬盘内的电子现金，另一种是将货币价值保存在IC卡内并可脱离银行支付系统流通的电子钱包。该类电子货币具备匿名性、可用于个人间支付、可多次转手等特性，是以代替实体现金为目的而开发的。该类电子货币的扩大使用，能影响到通货的发行机制、减少中央银行的铸币税收入、缩减中央银行的资产负债规模等。

（二）电子现金

1. 电子现金的概念

电子现金即数字现金，它的交易流通形式是数字形式。可以将纸币数字转换为一种加密编码，以便表示不同面额。发行电子现金的机构会根据用户存入的资金（包括现金存入或转账存入）向用户提供相应价值的电子现金，并保证其具备防伪功能。用户可以在特定商家处用电子现金进行消费或在线购物。

信用卡发卡银行的部分利润来自按交易额向商家收取的处理费，一般为交易额的1%~4%。有些银行对网络商店的收费比对传统商店高，使得网络商店的结算成本比传统商店高。因此，有些商店设置信用卡最低采购额，是因为银行对小额采购所收取的手续费会高于这些交易的利润，互联网也一样，存在低额采购的市场。正因为小额交易对只有信用卡结算方式的商家来说是不盈利的，所以人们希望有其他网上支付方式来代替信用卡满足小额交易的需要。电子现金系统企图在多方面为在线交易复制现金的特性，即方便、费用低（或者没有交易费用）、不记名等，多数电子现金系统能为小额在线交易提供便利，因而在小额支付领域拥有一定的优势。

电子现金支付系统是一种"预支付"的支付系统。用户在开展电子现金业务的银行开设账户，并用账户内存入的现金来购买电子现金。银行将这些电子现金数字化签字后，再发送给用户。在网上交易中，电子现金适用于小额的支付业务，使用起来要比借记卡、信用卡更为方便。当用户登录提供电子现金的网上银行后，使用口令和个人识别码来验明身份，这样才能直接从其账户中下载成包的低额电子"硬币"，然后把这些电子现金存放在硬盘当中。为了保证交易安全，计算机还会为每个"硬币"建立随机选择的序号，并把这个号码隐藏在一个加密的信封中，这样就不会有人知道是谁提取或使用了这些电子现金。

2. 电子现金的表现形式

电子现金的表现形式主要有以下两种：

（1）硬盘数据文件形式。硬盘数据文件形式的电子现金是一个存储在用户计算机硬盘上的数字信息块或数据文件，适用于买卖双方通过网络进行电子支付的情况。在支付货款时，只需要把电子现金从买方账户中扣除并传输给卖方。其优点是不需要专门的设备读出或写入，在网络上流通和传递较方便；缺点是携带不方便，必须在线处理。典型的应用有 Digicash（数字现金）公司于 1994 年 5 月开发的、用于在线交易的 Digicash 电子现金支付系统。

（2）智能 IC 卡形式。智能 IC 卡形式是在智能 IC 卡中存储所购买的电子现金。每当用户在智能 IC 卡上进行消费或充值时，系统将自动更新卡内的交易记录。智能 IC 卡上的电子现金可以完成各种转账操作，但与银行账户进行转账这种特殊情况需要特殊处理。它的优点在于可随身携带、不易被伪造，并支持离线操作；它的缺点在于数据的读取或写入必须借助专用设备才能实现。

3. 电子现金的支付流程

进行在线支付时，用户要确保设备已安装适用的应用程序，以便使用电子货币；商家服务器必须配有电子货币软件。与此同时，发行方也需安装相关的电子货币管理软件。

为了保证电子现金的安全性及可兑换性，发行银行还应该从认证中心申请数字证书以证实自己的身份，并利用非对称加密进行数字签名，具体流程如图 5-1-4 所示。主要包括以下工作：

（1）预备工作。付款人、收款人（商家）、发行者都要在认证中心申请数字证书，并安装专用软件。付款人从发行者处开设电子现金账号，并用其他电子支付方式存入一定数量的资金（如使用银行转账或信用卡支付方式），利用客户端软件兑换一定数量的电子现金。接受电子现金付款的商家也要在发行者处注册，并签约收单行用于兑换电子现金。

（2）付款人与收款人达成购销协议后，付款人验证收款人身份并确定对方能够接受相应的电子现金支付。

（3）付款人将订单与电子现金一起发给收款人。这些信息使用收款人的公钥加密，收款人使用自己的私钥解密。

（4）收款人收到电子现金后，可以要求发行者兑换成实体现金。

（5）发行者通过银行转账的方式将实体资金转到付款行，付款行与收单行联系，收款人与收单行清算。

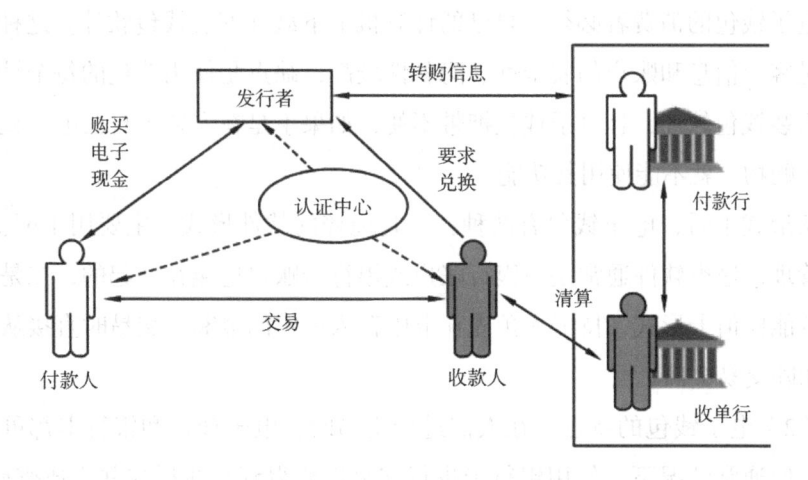

图 5-1-4　电子现金的交易流程

（三）电子钱包及智能卡

1. 电子钱包

电子钱包（Electronic Purse）是一种常用的支付工具，特别适用于小额购物或购买小商品等情境。电子钱包可被用于安全网络交易和支付，并能够储存交易记录，用户可以将其视为进行安全网络支付的特殊计算机软件或硬件设备。如同生活中随身携带的钱包一样，其中可以存放电子货币（如电子现金、电子零钱、电子信用卡等)、所有者的身份证书、所有者地址，以及结算和送货所需要的其他信息。

（1）电子钱包的分类。根据存储位置可将电子钱包分成两类，即服务器端电子钱包和客户机端电子钱包。

①服务器端电子钱包是在商家服务器或电子钱包软件公司的服务器上存储消费者信息的。这种方式的优点是相关软件安装在服务器上，用户不需要下载和安装软件，可以随时随地使用。缺点主要是服务器是众矢之的，易遭到攻击，服务器的故障和客户机—服务器之间的安全漏洞有可能导致用户的个人信息泄露和账户损失；消费者要使用某个商家网站上的服务器端电子钱包，前提是商家必须支持这个电子钱包。所以，电子钱包供应商要想让消费者接受这个电子钱包，必须先说服大批商家接受并使用它。因此，只有少数服务器端电子钱包能取得成功。

②客户机端电子钱包是在消费者自己的计算机上存储消费者信息的。要使用这种电子钱包的消费者必须在自己的计算机上下载并安装钱包软件。这种方式的优点是客户信息和账户的安全性、隐私性较高，缺点是使用钱包的每个计算机都必须安装钱包软件，且电子钱包携带不便，如果不是在安装了自己电子钱包的计算机上购物，就不能使用其功能。

从形式上看，电子钱包有两种：一是纯粹的软件形式，主要用于网上消费、账户管理，这类软件通常是与银行账户或银行卡账户连接在一起的；二是小额支付的智能储值卡形式，持卡人预先在卡中存入一定的金额，交易时直接从储值账户中扣除交易金额。

（2）电子钱包的特点。在人们进行交易时，电子钱包和银行卡都可以取代现金，但通常情况下，使用银行卡进行交易需要得到在线授权并完成密码验证，适用于涉及较大金额支付且无须立即完成交易的情境。然而，在需要快速支付和交易成本低廉的场景中，电子钱包在小额支付领域的离线交易速度和经济性都更具优势。

2. 智能卡

智能卡（Smart Card or IC）最早是在法国问世的。20世纪70年代中期，一家法国公司采取在一张信用卡大小的塑料卡片上安装嵌入式存储器芯片的方法，率先成功开发出了IC存储卡。经过20多年的发展，真正意义上的智能卡，即在塑料卡片上安装嵌入式微型控制器芯片的 IC 卡，由摩托罗拉和 Bull HN 公司于 1997 年共同研制成功。

（1）智能卡的结构主要包括以下三个部分：

①建立智能卡的程序编制器。程序编制器用于智能卡的开发过程，它从智能卡布局的层面描述了卡的初始化和个人化所需要的数据创建过程。

②处理智能卡操作系统的代理。包括智能卡操作系统和智能卡应用程序接口的附属部分。该代理具有极高的可移植性，它可以集成到芯片卡阅读器设备或个人计算机及客户机或服务器系统上。

③作为智能卡应用程序接口的代理。该代理是应用程序到智能卡的接口，它有助于对不同智能卡代理进行管理，并且向应用程序提供智能卡类型的独立接口。

由于智能卡内安装了嵌入式微型控制器芯片，因而可储存并处理数据。卡上的价值受用户的个人识别码保护，因此只有用户能访问它。多功能的智能卡内嵌入有高性能的 CPU，并配备有单独的基本软件，能如同个人电脑那样自由增加和改变功能。这种智能卡还设有"自爆"装置，如果犯罪分子想打开 IC 卡非法获取信息、卡内软件上的内容，将立即触发装置。

（2）智能卡的应用过程主要有以下几点：

①在适当的设备上启动用户的互联网浏览器，这里所说的设备可以是 PC 机，也可以是一部移动电话终端。

②通过安装在 PC 机上的读卡器，用用户的智能卡登录为用户服务的银行 Web 站点，智能卡会自动告知银行用户的账号、密码和其他一切加密信息。

③完成以上两步操作后，用户就能够从智能卡中下载现金到厂商的账户上，或从银行账号上下载现金存入智能卡。

例如，用户想购买一台微波炉，当用户在商店选中满意的微波炉后，其价格为 588 元，之后，将用户智能卡插入商店的计算机中，登录到用户的发卡银行，输入密码和商店的账号，进行相应操作之后，商店的银行账户上增加了 588 元，而用户的现金账面上正好减少 588 元，代表用户购买了这台微波炉。

在电子商务交易中，智能卡的应用类似于实际交易过程。用户在自己的计算机上选好商品后，输入智能卡的号码登录到发卡银行，并输入密码和在线商店的账号，完成整个支付过程。

（3）智能卡的特点。用户可以通过智能卡进行特定操作。智能卡可以防止应用系统对用户造成不良影响，它能够帮助用户存储特定信息，还能代表用户提供这些信息。通常情况下，合格的应用程序应具备高度定制化的配置选项，进而使用户能够根据个人需求进行调整，从而轻松上手而无须费时去适应。使用智能卡的一个主要优点是用户无须记住个人识别号码（密码），这使得用户能够更为便捷地完成相关操作，进而有效降低了现金操作的成本和风险，并确保了良好的保密性。通过智能卡，用户可以完成使用信用卡时所进行的操作，无须携带现金，并且智能卡比信用卡的保密性更高。

三、网上银行

网上银行是银行利用互联网技术提供各种传统服务，包括账户开立、交易查询、在线支付、内部转账、跨行转账、信贷服务、证券交易等，让客户能够方便安全地管理资产，而无须到银行现场办理的一种虚拟金融平台。我们可将其称作在线银行、网络银行。

（一）网上银行功能

如图 5-1-5 所示，为网上银行的框架结构。整个网上银行系统分成七个部分：网上银行客户、Internet 接入、Web 服务、CA 中心、交易网关、后台业务系统和系统管理。

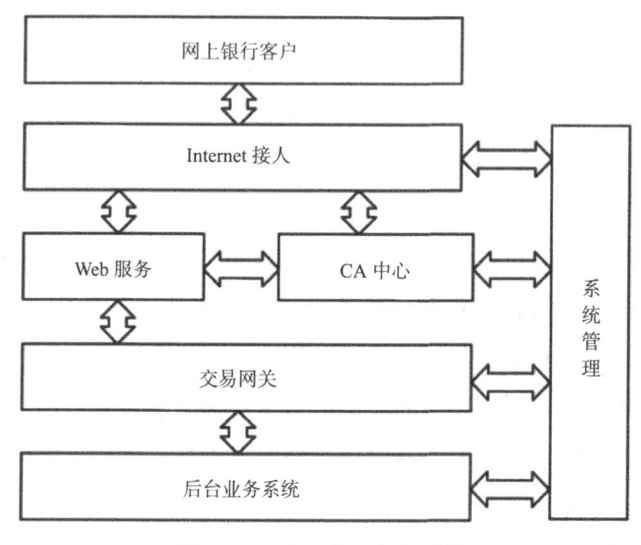

图 5-1-5 网上银行框架结构

网上银行的功能一般包括银行业务项目、商务服务及信息发布。

（1）银行业务项目。银行业务项目主要包括个人银行业务、信用卡业务、对公业务（企业银行）、多种付款方式、国际业务、信贷、特色服务等。

①个人银行业务。个人银行业务包括网上开户、清户、账户余额查询、交易明细查询、利息查询、电子转账、票据兑现等。

②信用卡业务。信用卡业务包括网上信用卡申办、查询信用卡账单、信用卡授权和清算等。

③对公业务。对公业务包括企业集团查看账户余额和历史业务情况、不同账户间划转资金、核对账户、电子支付雇员工资、将账户信息输出到空白表格、了解支票使用情况，以及打印显示各种报告和报表，如资产负债表、余额汇总表、详细业务记录表等。

④多种付款方式。提供数字现金、电子支票、IC卡、智能卡付款方式。

⑤国际业务。国际业务包括经网上进行的资金汇入、汇出。

⑥信贷。个人和企业在网上查询贷款利率，申请贷款，银行根据信用记录决定是否批准贷款。

⑦特色服务。网上银行的特色服务因其类型不同而不同。常见的特色服务项目有：提供免费下载的金融管理软件；利用网络向客户推销新的金融商品，并以此寻找潜在客户等。

（2）商务服务。网上银行的商务服务功能主要包括以下几个方面：

①投资理财服务：网上银行提供投资理财服务，客户可以通过银行网站进行金融信息查询、账户管理、理财产品购买和赎回等操作。这些服务不仅包括传统的储蓄和贷款业务，还涵盖了资本市场交易、基金买卖、国债买卖等复杂金融产品。

②资本市场服务：网上银行支持资本市场交易，客户可以进行股票、债券等金融产品的在线交易。此外，网上银行还可以根据客户的经济状况提供个性化的理财建议或计划。

③网上支付与结算：网上银行提供多种支付方式，支持B2B、B2C、C2C等多种交易模式。客户可以通过网上银行进行实时资金结算，满足日常消费和商业交易的需求。

④国际业务：网上银行支持外汇买卖、跨境汇款等国际业务，帮助客户实时掌握汇率动态，优化外汇资金管理。

⑤贸易金融：网上银行为企业客户提供信用证申请、保函办理等贸易金融服务，支持企业的国际贸易活动。

⑥企业财务管理：企业网上银行提供全面的财务管理功能，包括资金管理、财务报表查询、代发工资、电子票据管理等。这些功能帮助企业实现财务管理的数字化、智能化和高效化。

⑦商户服务：网上银行还提供商户服务，包括订单查询、对账、退货处理等功能，支持电子商务平台的运营。

⑧信息发布：网上银行通过互联网发布金融市场信息，如外汇行情、利率、汇率等，帮助客户做出更明智的金融决策。

网上银行的商务服务功能涵盖投资理财、支付结算、国际业务、贸易金融、企业财务管理等多个方面，能够满足个人和企业客户的多样化金融需求，促进商务活动的高效开展。

（3）信息发布。发布的信息主要包括国际市场外汇行情、兑换利率、储蓄利率、汇率、国际金融信息、证券行情、银行信息等。

（二）网上银行在电子商务中的作用

网上银行在电子商务领域扮演着至关重要的角色，被认为是电子商务发展的关键驱动力之一。在传统交易领域或电子商务领域中，资金支付是交易完成的关键步骤。不过，电子商务更看重数字化支付流程和支付方式。通常情况下，商务交易涵盖交易、支付结算等步骤，后者涉及支付网关、发卡银行、收单银行、金融专用网络等部分。换言之，银行在电子支付和结算过程中是连接消费者和商家的桥梁。总之，网上银行的在线支付功能对推动电子商务的繁荣发展起着至关重要的作用，可以说它是决定电子商务成功与否的重要因素。从这一层面看，在电子商务迅速发展的背景下，网上银行的发展势不可挡。

四、第三方支付

第三方支付是指那些独立实体机构所构建的平台，它们能够与国内外主要银行建立合作关系，具备一定实力和信誉，在交易中可为用户提供支持和特定平台服务。此外，第三方支付可利用银行的支付结算功能，并以企业、政府、事业单位为受众对象，提供中立、公正且定制化的个性化支付和增值服务。第三方支付在网络购物领域扮演着至关重要的角色，它起着连接商家和银行的桥梁作用，能够确保各方遵守监管规定并获得必要的技术安全支持。第三方支付可以保障消费者、金融机构和商家的在线支付、资金流转、结算、交易记录等多方面的安全和便捷性，而且这种付款方式可为企业的 B2B 和 B2C 等多种交易模式的运转提供电子商务服务和增值服务。如今，国内应用范围较广的第三方支付平台有支付宝、微信钱包等。

（一）第三方支付操作流程

第三方支付模式能够有效隐藏顾客的信用卡信息，从而降低网上交易中的欺诈风险。假设商家和顾客都已经在第三方平台上注册了账户，在 B2C 交易中第三方支付的详细流程涉及以下几方面：

（1）顾客在电子商务网站选购商品，与商家就价格达成一致后，最后决定购买。

（2）顾客选择支付方式（选择利用第三方支付平台作为交易中介），并用借记卡或信用卡将货款划到第三方账户中，并设定发货期限。

（3）第三方支付平台通知商家顾客的货款已到账，并要求商家在规定时间内发货。

（4）商家收到通知后按照订单发货，并在网站上做相应的记录，顾客可在网站上查看自己所购买商品的状态；如果商家没有发货，则第三方会通知顾客交易失败，并询问顾客将货款划回其账户还是暂存在支付平台。

（5）顾客收到货物并确认满意后通知第三方。如果顾客对商品不满意，或者认为与商家承诺有出入，可通知第三方拒付货款并将货物退回给商家。

（6）顾客满意，且第三方将其商户上的货款划入商家账户，则交易完成；若顾客对货物不满意，则第三方支付平台在确认商家收到退货后便会将顾客的货款划回其账户，或暂存在虚拟第三方账户中，等待顾客下一次交易时支付。

（二）第三方支付的特点

（1）第三方作为中介方，可以促成商家和银行的合作。对于商家来说，第三方支付平台可以降低企业运营成本；对于银行来说，可以直接利用第三方的服务系统提供服务，帮助银行节省网关开发成本。

（2）有助于打破银行卡壁垒。由于目前我国每家银行都有自己的银行卡，这些自成体系的银行卡纷纷与网站联盟推出在线支付业务，同时，商家网站也必须装有各家银行的认证软件，这样就会制约网上支付业务的开展。而第三方支付平台可以很好地解决这个问题。

（3）提供增值服务，帮助商家网站实现实时交易查询和交易系统分析，提供方便、及时的退款和支付服务。

（4）第三方支付平台是独立于买方、卖方和银行的交易支付网点，它起到买卖双方在交易过程中的资金中转、保管、监督作用，使买卖双方都能放心交易，如果发生交易纠纷（如质量问题），其能帮助退还货款。

第二节　网络营销

随着网络和信息技术的进步，网络经济逐步发展壮大，越来越多的人选择电子商务进行交易。网络经济发展背景下，电子商务交易活动颠覆了原有的交易模式，打破了地域和时间的限制，使商务活动更加便捷，也使得跨地区商业贸易活动实现了"企业与消费者之间的直接交易"[1]。

一、网络营销概述

（一）网络营销的含义

随着商品经济的不断发展，各个商家在利益的驱动下，都采取了各种措施以促进商品的销售，不断满足消费者的需求，市场营销应运而生。作为企业管理的一种职能，市场营销在追求经济利益的同时，还要把消费者和社会的需求放在重

---

[1] 张家瑞，邱碧珍，黄思雨. 网络经济时代下农产品电商的创新营销策略研究——以大凉山农产品为例 [J]. 河北企业，2023（2）：92-94.

要地位。因此，企业必须不断提高产品或服务的质量，增加其附加值，树立良好的企业形象，还要不断寻求降低成本的方法，激发消费者的购买欲望。

网络时代已经来临，在互联网上有商家、消费者，有产品，也有服务，形成了一个名副其实的虚拟市场。既然有了虚拟的网络市场，自然也就有了网络营销。关于网络营销的含义，笔者认为：网络营销是营销主体以现代信息和计算机网络技术为手段，为了自身及利益相关者的利益，通过与顾客的互动，从而创造、传播、传递客户价值，管理客户关系的一系列过程。简单地讲，网络营销就是指利用现代电子技术进行的营销活动。

根据以上定义，我们可以从以下几个方面加深对网络营销的理解与认识：

1. 网络营销是手段而不是目的

网络营销是一种促销手段而非目的，但是网络营销活动是具有目的性的。它依赖互联网，采用并协调各种网络营销的方法、工具、条件等，是企业为实现一定的营销目的而采取的有效手段。

2. 网络营销是企业整体营销战略的一个组成部分

在互联网时代，网络营销已成为企业营销战略中必不可少的内容，作用也越来越重要，但不论其占主导地位还是从属地位，网络营销活动都不可能脱离一般营销环境而独立存在。网络营销与线下营销是相辅相成、互相促进的，是一个营销体系。因此，一个完整的网络营销方案除了在网上做推广，还很有必要利用传统营销方法进行线下推广。

3. 网络营销具有多重目的性

除了促进产品在网上的销售，网络营销还有多重目标，如提升产品的品牌形象、增强与顾客的互动、提升顾客的忠诚度、不断拓展企业信息发布渠道及完善企业服务等。

4. 网络营销不等于电子商务

网络营销与电子商务既相互联系又相互区别。电子商务基于电子工具，以商品交换为中心，在活动的过程中不断追求高效率与低成本，通常也可以将其称为电子交易，侧重交易行为本身和交易的方式。而企业在开展网络营销时，会利用EDI、互联网实现交易前的信息沟通、交易中的网上支付和交易后的售后服务。显然，网络营销是企业电子商务活动中最基本的、最重要的互联网上的商业活动。除了互联网企业，传统企业也需要网络营销，它作为企业整体营销战略的组成部分，发挥着十分重要的作用。很多人对网络营销存在一些误解，认为它就是电子商务，其实不然，网络营销作为促进商业交易的一种手段和过程，对电子商务的发展至关重要，构成了电子商务的基础。因此，网络营销与电子商务并不能画等号。

（二）网络营销的特点

互联网的飞速发展，使世界成为相互联系的整体，拉近了人与人之间的距离，交流和沟通也更加便捷。互联网使得营销活动的方式更加多样，影响范围也不断扩大。而网络营销充分利用了互联网的优势，弥补了传统营销媒体的不足，展现了其与众不同的特点，取得了意想不到的效果。与其他营销方式相比，网络营销的独特性主要有以下四个方面：

1. 实时性和交互性

网络营销的一大优势就是企业借助互联网的强大功能，一方面可以搜集到各种关于消费者的信息，另一方面还可以与消费者进行交流互动，为其提供更加全面的商品信息服务。这就彰显了企业网络营销实时性与交互性的特点。企业可以充分利用电子布告栏、电子信函等渠道，为消费者提供各种参与商品活动的机会，以此不断激发其兴趣，促进其购买活动的实现，保证企业网络营销活动的有效性，推动企业营销目的的实现。

2. 经济性和高效性

网络营销在一定程度上使企业减少了运营费用，提高了工作效率。第一，企业利用商业增值网络，在 EDI 的基础上建立了完善的电子采购系统，可随时进行采购，避免了打印及邮购带来的麻烦，使人力资源得到合理利用，节约了成本；第二，互联网将世界联系起来，扩大了市场调查的范围，同时有效缩减了调查中的各种费用支出；第三，企业利用网络服务器存储了大量产品、渠道等方面的信息，一方面便于企业及时更新，另一方面方便消费者查询，无形之中节约了促销费用；第四，企业售后服务更加高效，同时成功降低了企业的运营费用。

3. 定制化和个性化

网络营销的定制化是企业在互联网的支持下，根据每个消费者的特点和需求，为其提供"量身定制"的产品或服务。网络营销力求以每个消费者的喜好与消费习惯为依据,通过一对一的沟通交流,为消费者推荐更加适合的产品或服务。由此,两者建立了一种学习型关系,即企业一方面通过互联网为消费者提供信息,另一方面为消费者提供消费教育与引导。这样做不仅有利于满足消费者的各种需求,还有助于与消费者建立长久的联系,拉近彼此之间的关系。

4. 方便性和娱乐性

网络营销为大众开创了一种新型的购物模式,使人们购物更加便捷,同时兼具娱乐功能。购买前,消费者可以上网查询、搜集产品的基本信息,了解其价格、性能、服务等方面的内容,还可以与相似产品或服务进行对比,从而做出合理的消费决策。例如,消费者在购买汽车前,可以通过网络了解汽车品牌及其性能、价格等方面的信息,还可以广泛参考已购买的消费者的网络评价。购买时,网上购物避免了消费者出行、现金结算等各个环节的麻烦,送货上门服务也使购物更加便捷。购买后,消费者依然可以通过网络享受到企业的服务和帮助。总之,网络营销使消费者购物更加方便,无须花费大量的时间和精力,同时增加了购物的趣味性,娱乐效果显著。

二、网络营销策略

互联网的商业应用改变了传统的买卖关系,带来了企业营销方式的改变,对网络营销提出了新的要求,营销的内容也发生了较大的变化。企业需要根据自身在市场中所处地位的不同而采取不同的网络营销策略组合,包括产品策略、定价策略和促销策略。

(一)网络营销产品策略

1. 网络营销产品的含义

产品立足于目标市场,既包含有形的物质产品,也包含无形的精神产品或服务,但无论是哪种形式,都旨在满足消费者的需求。基于网络的营销活动虽然具有一定的虚拟性,但是企业要想达到其营销目标就必须提供优质的产品或服务。因此,企业必须综合利用各种因素,如产品的类型、规格、特点、包装设计、商标品牌及各种服务措施等,对其进行合理规划,从而推动营销目标的实现。

2. 网络营销产品的层次

在网络营销环境下，为了凸显消费者的地位与作用，企业丰富了产品的层次，在保留原有核心产品、有形产品、延伸产品的三个层次之外，又扩展出了期望产品与潜在产品两个层次，如图 5-2-1 和图 5-2-2 所示。

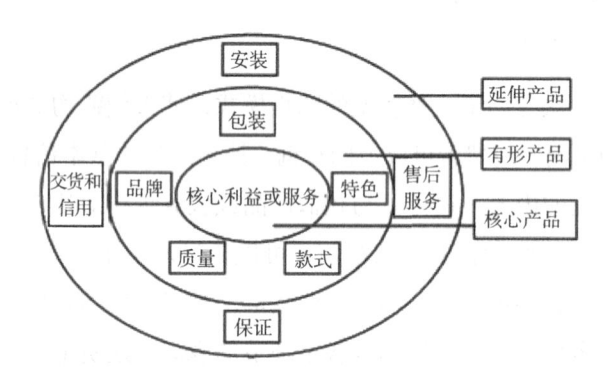

图 5-2-1　传统营销产品层次

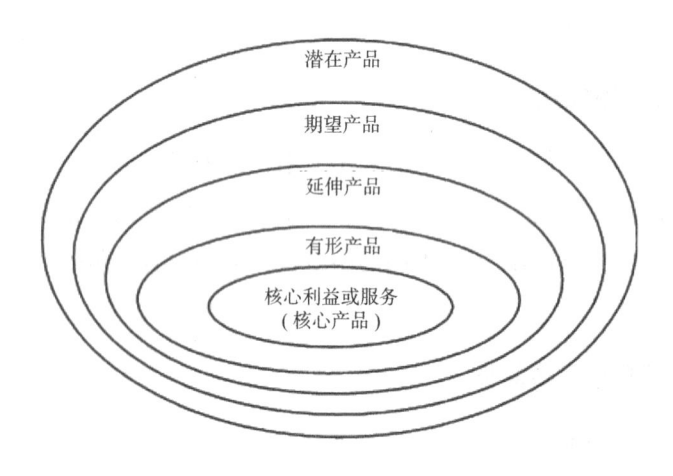

图 5-2-2　网络营销产品层次

（1）核心产品层次。核心产品层次立足于消费者的核心需求，是产品本身所具有的基本效用，或者消费者从购买产品中能够获得的益处。例如，消费者购买汽车是为了出行方便，购买雨伞是出于遮雨的需要。对于同一产品而言，可能具有不同的核心需要，例如，同样是购买服装，有些消费者是出于保暖的需求，有些消费者则是为了美观。网络营销的突出特点是具有互动性,通过网络能充分地了解顾客的需求,更好地为顾客服务。因此,从事网络营销的企业,在进行产品的开发与设计时,要以顾客为中心,使自己产品的基本效用符合顾客的需要。同时,由于不同类型的顾客对同种产品的核心需求存在差异,在营销过程中也应差异化,可以针对不同的用户群特点开发出适当的特色商品,甚至定制个性化产品。

(2)有形产品层次。有形产品层次是产品在市场上出现时的具体物质形态。有形产品是核心产品的物质载体,产品的基本效用只有通过有形产品的物质形态,才能反映与体现出来,其主要表现在产品的品质、特征、式样、商标、包装等方面。

(3)延伸产品层次。延伸产品层次是指顾客在购买产品时,从产品的生产者或经营者那里得到的附加服务,其主要作用是协助顾客更充分、更好地享受核心产品带来的基本效用。在网络营销中,对于物质产品来说,延伸产品层次主要包括售后服务、送货、质量保证、信贷等。

(4)期望产品层次。期望产品层次是顾客在购买产品前对所购产品的质量、使用方便程度、特点等方面的期望值。这是网络营销产品整体概念中,在核心产品与有形产品之外增加的一个新层次,是网络营销产品特有的一种层次,而传统的营销产品是不具备的。

"通过使用大数据技术、信息化技术对后台信息、资料进行汇总,便能够轻松地获取顾客的消费需求、消费喜好等各项数据。"[1] 网络营销增强了企业与顾客的互动联系,与传统的营销方式相比,网络营销能更好地满足顾客的这种个性化与多样化的需求,满足其对期望产品的需要。期望产品对企业开发与设计核心产品和有形产品具有指导作用。作为开展网络营销的制造企业,为了能快速生产出顾客提出的期望产品,要提高自身在设计、生产等环节的灵活性,并积极引导顾客参与上述环节。

(5)潜在产品层次。潜在产品层次在延伸产品层次之外,也是网络营销产品整体概念所特有的一个层次,就是指企业向顾客提供的能满足其潜在需求的产品。与附加产品不同,潜在产品对顾客更好地使用核心产品而言,并不是必不可少的,它其实属于一种增值服务。

---

[1] 卢智慧. 网络社群经济发展背景下的企业营销策略研究 [J]. 市场论坛, 2021 (8): 35-39.

（二）网络营销定价策略

1. 个性化定价策略

个性化定价策略基于互联网的交互性，同时立足于消费者对商品的具体需求情况来进行定价。互联网为企业、商家和消费者提供了一对一交流互动的机会，企业、商家可以为消费者提供个性化的服务，因此个性化定价成为可能。如今，这种策略在网络营销中逐渐占据重要地位。

2. 声誉定价策略

在网络营销发展的初级阶段，很多消费者并不了解网上购物、订货这一新兴的购物方式，因此他们对商品的质量、配送服务等常持怀疑态度。一般情况下，在网络营销中，那些信誉和形象良好的企业，对商品的定价一般较高；而那些信誉和形象较差的企业往往定价较低，这就是声誉定价策略。

3. 自动调价、议价策略

自动调价、议价策略常根据季节和市场供求关系的变化而变化，同时受竞争机制和其他相关因素影响。企业要在保证收益的基础上，建立自动调价系统，并自动调整价格。此外，企业要积极采取网络议价的策略，建立相应的议价体系，对价格进行灵活掌控。

4. 使用定价策略

使用定价策略无须消费者购买此产品，通过互联网注册后便可直接使用，之后企业按照消费者的使用次数进行收费。

5. 网络促销定价策略

（1）免费。"免费"一词在互联网中十分常见，但是它在不同场景中的含义并不相同。例如，"免费"在站点的促销中常指用户可以免费享受产品、服务、应用工具软件等；而"免费"在旗帜广告中常意味着用户可以免费浏览网页，还可以自由选择旗帜广告。

这样一来，免费策略就吸引了大量用户，增加了网页流量，同时起到了良好的宣传效果。一旦网站形成一定规模，网上信息服务商便可与各种广告商、资助人建立合作，实现更长远的发展。

（2）折扣。折扣是个较宽泛的概念，在网络营销中可以有价格折扣和优惠卡两种具体表现形式。

①让价，也就是人们常说的价格折扣。它是企业为了实现一定的销售目的，而采取降低产品原有价格的一种促销策略。与其他促销活动相比，折扣拥有悠久的发展历史，直至现在这种行为仍十分普遍，受到了企业和消费者的广泛认可。

②优惠卡。在互联网背景下，优惠卡也是企业常用的促销手段，是另一种形式的价格折扣。以前，很多企业常给消费者发放优惠券，但是慢慢发现优惠券不能重复使用，且需要多次邮寄。因此，网上商店更喜欢使用优惠卡。优惠卡又叫折扣卡，是一种消费凭证，消费者凭此卡可以享受到低于产品或服务正常标价的优惠价格。优惠卡的折扣率一般由企业自行规定，最低5%，最高可达60%。企业可以针对某一种产品发放优惠卡，也可以针对某一系列，甚至企业或商店的任意产品发放优惠卡。优惠卡的使用期限从几个月到几年不等，企业可以根据实际情况而定。

还有一些网上商店向潜在的消费者发放大量优惠卡，同时根据每个消费者的消费金额实行打分制，消费者可以凭借分数的高低兑换不同的礼品。这样的销售手段引起了大批消费者的关注，加强了网上商店与消费者的互动，实现了销售目的，提高了消费者的忠诚度。

（三）网络营销促销策略

促销是指企业通过人员推销或非人员推销的方式，向目标顾客传递企业或产品的各种信息，引起消费者的兴趣，激发消费者的购买欲望及购买行为的活动。网络促销是指利用现代化的网络技术向虚拟市场传递信息，以激发需求，引起消费者购买欲望和购买行为的各种活动。

1. 网络促销的特点

（1）网络促销是促销的一种形式，是通过互联网向消费者传递产品或服务的功效、特点等方面信息的活动。因此，网络促销人员除了要掌握传统的销售技巧，还要具备良好的信息技术应用能力，无论是软件还是硬件，都要精通。

（2）网络促销是一种基于互联网平台的促销活动。与实体市场不同，虚拟市场连接了全球各地的企业和商店，市场主体更加广泛，文化更加多元。虚拟市场的复杂性要求网络促销要改变原有实体市场的运营思路，转变思想观念，探索适合网络促销的经营方式。

（3）虚拟市场将世界各国紧密地联系在了一起，打破了实体市场的区域局限性，使全球成为一个统一的大市场。在这一背景下，企业间的竞争日益激烈，企业的规模、类型等概念逐渐淡化。各个企业只有在遵循这一市场规则的前提下，总结并运用各种销售技巧，才能站稳脚跟，获得成功。

2. 网络促销的形式

在传统营销中，广告、宣传推广、销售促进和人员推销是主要的促销形式。而基于互联网的网络营销相应地也分为了四种形式，依次是网络广告、站点推广、销售促进和关系营销。其中，以网络广告和站点推广为主导。

网络广告必须依赖互联网，其宣传渠道主要包括各大网站、免费的电子邮件服务、一些免费的公共交互网站等，从而起到了良好的宣传推广的作用。

站点推广是企业为了宣传和推广其产品而采取各种网络营销的手段和方法，以此提高站点的知名度，增加站点访问的流量，吸引消费者购买其产品或者服务。

销售促进是企业利用可以直接销售的网络营销站点，采用一些销售促进方法，如价格折扣、有奖销售、拍卖销售等方式宣传和推广产品。

关系营销主要是将互联网作为媒体和沟通渠道，通过与企业利益相关者（包括供应商、顾客、经销商、雇员、社会团体等）建立良好的合作关系，为企业的经营管理营造良好的环境。

另外，基于网络的各种新型促销方式也在不断出现，如口碑营销、网络事件营销、网络媒体软文营销、网络社区营销等。

第三节　电子商务网站建设

一、电子商务网站概述

（一）电子商务网站定义及功能

电子商务网站是企业、机构或者公司为了开展电子商务而在互联网上建立的站点，为企业、商家或者公司与客户之间的交互提供基础设施和信息服务，是电子商务各种活动的实施者和载体。

电子商务网站十分重视信息的传递、交流及处理过程。这些信息不仅包括产品本身及其促销的基本信息，还包括公司的公告、销售记录，以及企业内部的一些信息。电子商务网站在综合处理这些信息的基础上，还要考虑企业内部管理、外部交流和客户关系维护等多种因素，不断满足厂商、客户、员工、主管和经营者的多层次需求。

一般情况下，电子商务网站具备多种功能，具体表现如下：

1. 企业形象宣传功能

随着市场经济的发展和经济全球化的推进，企业间的竞争日趋激烈，越来越多的企业意识到企业形象对企业发展的重要作用。产品和价格方面的优势固然重要，但是在现代市场经济条件下，企业的良好形象对于提升企业的竞争力来说也是至关重要的。企业形象是社会及企业职工对企业的整体印象和评价，包括企业的服务形象、产品形象、管理形象和环境形象等内容。而企业通过企业网站的建设，能很好地将这些内容表现出来，使社会公众及企业职工更加便捷地了解到企业的相关信息。

2. 产品展示功能

企业产品目录是企业及其产品展示的窗口，在互联网环境下，企业也要逐步建立和完善相应的数字化产业目录。数字化产业目录具有灵活多样的特点，可以有效地结合多媒体技术，如音频、视频、3D等。除此之外，企业还可以通过设置标签，实现对产品更加细致、松散的管理目的。

3. 网上订购功能

在B2C模式的框架指导下，企业开发了电子商务网站的网上订购功能，它基于网络的交互作用，主要面向个体开展活动。厂商或者大型零售商需要在网页上介绍产品的完整信息，同时提供购买渠道。当消费者购买完成后系统会生成订单信息，为了确保信息的准确，系统还会让消费者确认信息，整个过程由消费者和厂商直接沟通交流。值得注意的是，企业必须确保消费者信息的安全性，并采取有效的保密措施。

4. 网上支付功能

用户填完订单，下一步就是付款。支付过程是商务活动中必不可少的环节，意义重大，因此企业必须高度重视网上支付的安全性，确保网站的安全稳定。一方面，电子商务网站要加强管理，还要对欺骗、窃听、冒用等一些非法行为采取严格的惩处措施；另一方面，企业要注重技术的开发与应用，尤其是身份验证、数字凭证、加密等方面。企业必须增强安全意识，将安全放在第一位。

5. 搜索引擎优化功能

相比于网络推广中其他营销方式，搜索引擎优化功能具有效率高的优点，在形式上，可分为购买关键字广告和搜索引擎优化（Serch Engine Optimization，SEO）。为了目标客户群体能在最快的时间内找到该企业，一方面，企业应不断优化网站，找准关键字；另一方面，企业还要在主要的搜索引擎中购买关键字广告。当下，SEO正处于快速发展阶段，已成为专业网站甚至电子商务发展的必然趋势。

6. 网络售后服务功能

网络售后服务是一种通过互联网提供在线交流互动的售后支持的方式，旨在为顾客提供产品技术、使用维护等方面的支持和帮助。在网络营销中，网络售后服务对顾客满意度的影响十分重大，受到企业的广泛关注。随着网络技术的进步和电子商务的发展，网络售后服务的效用日益凸显。因此，很多企业积极采取措施，如设计"常见问题"页、提供"免费下载"或"软件库"、网上论坛、在线客服等，方便顾客与企业互动。

开发电子商务网站，其目的是为企业或者组织带来利益。成功的电子商务网站必须充分利用网络工具的先进技术优势，并将其应用到企业的电子商务业务中，帮助企业在电子商务中取得竞争优势。电子商务具有众多优势，如减少企业运营费用、加速产品创新、提高管理水平、增加企业信息优势等，能有效提高企业竞争力。有些企业建立了自己独立的运营网站，有些则依附于其他平台，不管是哪种形式，只有具有以上功能，才能称得上是电子商务。

（二）电子商务网站的分类

1. 按照商务目的和业务功能分类

以商务目的和业务功能为划分依据，电子商务网站可以分为以下四种类型：

（1）基本型商务网站。基本型商务网站是基于公司宣传和客户服务的目的而建立的，主要借助网络媒体和电子商务等基本手段。这种网站具有低成本、高性价比的优点，并且具备商务网站的基本功能，因此受到了小型企业和刚进行电子商务尝试的大中型企业的青睐。相比于企业自己建立网站，选择基本型商务网站可以借助已有的多媒体网络基础平台，同时委托专业公司进行构建，减少了资金投入。

（2）宣传型商务网站。宣传型商务网站除了宣传产品和服务项目，还有多重目的，如发布和更新企业信息、塑造企业形象、扩大企业的影响力和市场等。这种网站不仅具备基本的商务网站功能，还有宣传效果显著的特点，因此适用于各种类型的企业，尤其受到了外贸业务多或者想要增加外贸业务的企业的青睐。宣传型商务网站可以借助知名度较高和扩展性较强的网络基础平台，这样做的好处是可以利用先进的开发工具创建新的应用系统模块，实现向客户服务型或完全电子商务运作型网站的转变升级。

（3）客户服务型商务网站。客户服务型商务网站是基于实现与客户的实时交流互动和提供产品或服务的技术支持的目的而建立的，并通过对产品及公司形象的宣传展示，使运行成本不断降低、工作效率不断提高。这种网站的主要功能是进行企业宣传、提供客户服务，因此各类型企业都可以广泛应用。在建设方面，该类型网站可以借助知名度较高和扩展性较强的网络基础平台，也可以由企业自行搭建，这样做的好处是通过适当的改进和升级，可以将其转变为完全电子商务运作型网站。

（4）完全电子商务运作型网站。建立商务网站的目的是展示公司形象、宣传并推广产品和服务，以实现在线客户服务和产品销售，从而直接为企业创造收入并增强竞争力。该类型网站具有完善的电子商务功能，尤其是在宣传公司形象、服务客户及电子商务方面，其作用显著，因此适用于一些条件较完备的企业。

2.按照交易对象分类

按照交易对象的不同进行分类，我们可以将电子商务网站划分为B2B电子商务网站、B2C电子商务网站、C2C电子商务网站和B2G电子商务网站。

3.按照站点拥有者的职能分类

以站点拥有者的职能为依据，电子商务网站可以分为以下两种类型：

（1）生产型电子商务网站。此类型商务网站是企业或者个人基于一定的产品或服务宣传目的而建立的，其具有网上采购、销售和提供技术支持等方面的功能。生产型电子商务网站形式简单，企业可以在产品页面提供相应的购买方式，消费者在浏览网页的同时可以在线支付购买，企业确认订单并收款，整个销售过程即可完成。生产型电子商务网站信息量极大，同时会将实用性放在重要地位，支持大额订单。生产型企业在拓展网络销售渠道时，应在传统商业经营模式的基础上，深入分析市场发展的特点，同时立足客户及社会需求，制定出完善的发展战略规划，从整体上形成电子商务应用系统框架，然后设计并建立企业电子商务网站页面，确保用户页面操作的简便性。

（2）流通型电子商务网站。流通型电子商务网站的创建主体是流通企业，其目的是宣传、推广产品和服务，使顾客了解产品特点、性能等方面的基本信息，从而进行网上购物。该类型网站的页面设计与制作具有很强的吸引力，要对产品和服务进行全方位的宣传展示，尤其要注重产品的外观与功能特点。流通企业要想拓展网络销售渠道，就要紧密联系传统的经营模式。首先，要对电子商务架构进行深入的研究与分析；其次，进行电子商务网站的页面设计与建构；最后，发挥互联网的优势，打造一个产品丰富、操作便捷、实用有效的互动平台。

4. 按照产品线宽度和深度分类

以产品线宽度和深度为划分依据，电子商务网站可以分为以下四种类型：

（1）水平型电子商务网站。水平型电子商务网站又叫"聚合电子商务门户"，该类型网站的特点是涵盖众多行业的大量产品，与网上购物中心具有一定的相似性，其目的是为用户提供商品种类丰富、可比性强的商务服务。该类型网站具有产品线宽的优势，顾客既可以找到符合自己心理价位的商品，又可以综合比较，从而做出最佳选择。但是这类网站也有缺点和不足，如产品深度和配套性还有待提高、中间商的角色使其在价格上处于劣势。

（2）垂直型电子商务网站。这类电子商务网站是指针对一个企业做深、做透的网站。例如，销售汽车整车、汽车零配件、汽车装饰品、汽车保险等产品服务的网站，为顾客提供一步到位的服务。这类网站较为复杂，实施难度较大。

（3）专门型电子商务网站。专门型电子商务网站与专卖店相似，主要针对某一行业，为其提供优质服务，销售内容涉及各种品质优良、打折促销的产品。该类型的网站不仅针对消费者个人，还针对各种电子商务网站的供应商，包括垂直型和水平型电子商务网站。

（4）公司电子商务网站。公司电子商务网站的主要功能是宣传、推广和销售本公司的产品或服务，与实体店面不同，它是基于互联网的虚拟店面。扩展性差是公司电子商务网站的一大缺点，因为此类网站大多局限于一些品牌知名度高、市场份额较大的公司。然而，基于产品形态，一些行业如电子、旅游、金融和传媒等在从事电子商务活动方面具有无法比拟的优势。它们的共同特征是产品是电子化的，不依赖于实体物流和完善的配送体系，与互联网高度契合，因此更适合在网上流通。该类型网站的典型代表是各大商业银行网站。

综上所述，企业必须立足自身的实际，综合考虑自身的业务特点、目标设定，以及本区域商务环境等因素，制定出符合自身发展需求的电子商务发展规划，并创建相应的电子商务网站。

二、电子商务网站整体规划和建设流程

电子商务网站在建设之前要先进行整体规划，首先，要对市场进行充分的调研；其次，明确网站设立的主要目的和功能；最后，对网站建设的具体过程做出合理规划，包括技术、内容、成本、测试和维护等方面。企业必须立足市场需求，分析网站建设的可行性。精确而严谨的网站规划对网站建设是至关重要的，一方面可以有效指导网站建设工作，另一方面对网站内容和维护提供了方向指引。在编写网站规划书时要严格遵守科学、严谨、实事求是的原则，内容应包括网站建设的各个环节和主要方面，完整、系统地反映网站建设过程中各项工作的规范和要求。

同时，细致、全面、充分地落实网站规划书中的各项内容，进行页面细化和实施工作，以及在建设完成后开展必要的后期维护，也是建设企业电子商务网站的核心要点。

（一）电子商务网站的整体功能设计

1. 主页

电子商务网站的主页建设有一定的要求，必须展示出本网站的所有内容和功能栏目，便于用户在浏览主页后对整个网站有一个清楚的认识。主页应包含导航链接，方便用户访问各个主要栏目，也需要提供会员和管理员登录入口。此外，

主页要对支付手段及配送体系进行说明，以满足客户需求。

在主页的视觉设计中，色彩的运用至关重要。在挑选颜色时，应避免过于艳丽或者沉闷的颜色，防止带给用户刺眼或死板的不良视觉体验，必须考虑产品的特性和目标客户的特点来进行设计创作。

主页在布局时，可以按照区域或者部分分别进行设计和展示，以方便用户查阅。例如，可以将主页分为顶部、中部和底部三个部分，然后将中间部分进一步划分为两个区块进行设计。

2. 网站主要栏目设计

各个栏目的主页以及二级功能页面设计构成了网站主要栏目设计的内容。各个栏目的主页不仅要涵盖栏目的基本内容介绍，还要提供进入二级功能页面的链接。这样一来，访问者一旦进入该页面，就能明确了解该栏目提供的服务和可查看的内容。二级功能网页是基于内容和功能而设立的页面，其具体内容可根据要求确定，但需要确保提供返回栏目主页和网站主页的链接。

通常情况下，中小型网站设置6~8个一级栏目为宜，而大型网站的一级栏目的数量最好控制在15个以内。若内容较为丰富，可以考虑通过增设二级、三级、四级栏目的方式来处理。

3. 导航与交互设计

（1）导航设计。导航设计要解决的问题是页面位置、去向、路径、返回方法，以方便用户寻找与使用信息。导航设计有以下三种类型：

①超文本链接。非顺序的内容通过超文本链接起来，可使用户按使用的顺序和意愿浏览信息。

②导航栏。放置在固定位置的多个标题的超链接，可以是文字或图片。

③网站地图。以图形或文本超链接的方式显示网站中所有的页面、栏目部分和内容分类列表等。其显示的是网站的逻辑结构，逻辑结构是网站在运行时抽象出来的拓扑结构，它建立在物理结构之上。网站地图一般会专门提供一个链接的页面。

（2）交互设计。在电子商务平台上，买家和卖家之间进行在线信息交流非常常见，因此在设计用户界面时需要考虑如何促进他们之间的互动、沟通，并有效传递和筛选信息。在人机交互设计中，要考虑让计算机承担更多工作以实现交互的简化，并确保操作简单、易于使用，同时要突出交互的灵活性、明确性、统一性、容错性、反馈性及图形化等特点。

人机交互的方式多种多样，常见的有问答模式、菜单模式、功能按钮、图符、使用查询语言界面及自然语言界面。在网页交互设计时要避免菜单中的层级数量过多、宽度过大的问题。

4. 网站的整体风格设计

（1）网站的色彩运用。由于色彩会对浏览者产生一定的心理影响，因此，网页的色彩要认真选择，要为主题内容服务，一个网站应该而且只能有一种主色调。

例如，一个关于山岳的旅游景点网站，网页的主色调为绿色，而绿色又有不同的类型，如深绿、浅绿、翠绿、黄绿等。起初选用了深绿色为主色调，原以为这样会显得更有内涵。但当整个网站设计完成后，却发现呈现出来的是一种令人压抑的氛围，本来想要传达的生机勃勃、自然明快的内涵，在深绿色的主色调下荡然无存。于是进行一次全面返工，把图片、文字、商标、横幅广告等各元素的色彩重新设置，改成明绿色的主色调，再与修改前的各页面进行对比，虽然各元素的位置、大小、内容等都没有任何改变，只是整体色调发生了变化，但如同两个网站一样：修改前的网站令人压抑，给人沉闷的感觉，而修改后的网站却轻松明快、绿意盎然。

网页设计不仅要考虑颜色的心理效应，还要注意颜色的可读性问题，一般来说，要从通用颜色的调色板中选择颜色，使访问者在浏览网页内容时毫不费力。

（2）网站的图片使用。在网站进行页面设计时，为了避免呈现单调死板的效果，往往采取文字与图片相结合的方式。在网页中适当地插入图片，能使页面更具吸引力，但不要过度使用，过多的图片会让页面看起来杂乱无章，也可能导致页面加载速度过慢。因此，设计网站时，图片运用务必谨慎，应该将其放置在最关键的位置，要精挑细选，避免过度使用，要确保图片起到点睛之笔的作用，从而提升网站的吸引力。在设计网页时，图片不仅要与内容相契合，还要美观并具有吸引力。此外，在保证图片质量的基础上，要尽量压缩图片的大小。

动画对提升网页的趣味性及生动性具有十分重要的作用。GIF 和 Flash 是应用比较广泛的动画格式。Flash 动画通常具有引人入胜的视觉效果，能够呈现出更加复杂和美观的视觉效果，还能将图片控制在较小的范围内，但是要观看 Flash 动画需要安装相应的插件。尽管 GIF 格式具有广泛的兼容性，但是在色彩和帧率方面存在一定的限制，超出这些限制将导致图片文件体积增大。当然，在一个网站中也不能过度使用动画图片。

（3）网页的版面布局。网页版面的布局应该统一网站所有页面的布局，网页的排版要完整地考虑网站中的各个构成元素，分清重点、理顺层次、合理安排。先要考虑将最重要的内容放在该页的顶部，而那些次要的内容可以安排在页面的下部，这样就做到了重点突出。

页面在设计时往往追求错落有致的效果，这就需要文字、图片及动画的协调一致，以及段落的合理使用，确保色块或者分隔线起到划分不同主题内容的作用，使整个页面呈现出强烈的层次感和趣味性。

（二）电子商务网站的建设流程

1. 需求调研

（1）电子商务网站需求调研的含义。

①需求调研在需求的分析处理中扮演着关键的角色。需求分析属于软件工程的范畴，主要是指对问题进行详尽而深入的分析，明确问题的各个要求，如要输入的数据、期待的结果以及最后输出的内容等。网站在建设过程中，项目主要负责人能否深入了解客户的需求，对于网站开发项目的成功与否至关重要。

②网站开发项目的管理者不仅要正确分析和准确把握客户的需求，还要以文档的形式准确地表达给开发项目的每个成员，确保网站的开发能够满足客户的各种需求，使其沿着正确的方向顺利开展。只有解决以上问题，网站的开发才能顺利进行。因此，需求分析高度依赖需求调研工作。

（2）电子商务网站需求调研的步骤。

①制订调研计划。

A. 制定调研目标。虽然调研应当清晰明了，但在实际操作中，电子商务网站的需求调研并非一蹴而就，其通常需要分阶段来完成。此外，调研的目标随着调研工作的开展也会逐渐深化和细化，因此，为了满足各项具体的需求，调研目标也要分阶段来制定。通常情况下，初期的研究集中在网站的整体结构，而后期的研究则关注各种具体需求。

　　B.确定调研对象。调研对象是指电子商务网站的使用者、管理者和相关群体，调研对象应该越明确越好。因此，如果调研是面向某个单位的，应该让这个单位尽可能细化，明确要调研的部门或者员工，调研人员只有与调研对象直接沟通，才能获得第一手的资料。

　　C.确定调研方法。目前，调研方法众多，有的研究者采用问卷调查、访谈的方法，有的研究者选择现场考察与实践、查阅企业相关资料的方法。不管是哪一种研究方法，都必须确保调研目标的清晰准确，同时要考虑每一次调研对象及目标的变化，在综合考虑各个影响因素的基础上，选择最优的调研方法。随着信息时代的到来，网络成为人们交流互动的重要的工具，很多研究者都开始借助网络来实现其调研项目。

　　D.确定调研时间、人员、资金预算。调研涉及多种准备工作，为了保证调研活动的顺利进行，调查者必须与调查对象保持联系，以确定调研时间。为此，需要制定合理的调研时间表，调研时间表应详细准确，明确各个时间段的工作安排。

　　E.设计调研表。调研表的设计对于调研活动异常关键，它应设置在调研活动开展之前。调查者要一一列举出每个调研对象的调研问题，同时问题要具有针对性和代表性。

　　②实施需求调研。

　　A.调研准备。调研计划确定后，调研小组各成员要明确分工，深入了解调研计划以及每个阶段的具体目标，并在此基础上完成调研的有关表格。

　　B.需求调研。需求调研是基于实践层面的调研活动。它需要在调研计划的指导下进行，按照一定的流程，就调研表中的各个问题与调研对象开展互动，在交流中不断明确调研对象的期望，同时将收集到的信息进行整理汇总。在需求调研开展前，调查者必须与受访者协调好调研的时间和内容，确保调研活动的顺利进行。

　　C.调研资料的整理。需求调研活动中获取的信息并不是全部有效的，也不是拿来就能用的，还需要调研者仔细筛选，去除那些无效的信息，同时将有效部分进行分类整理，使其具有条理性和系统化。调研者需要借助多种技术手段，尤其是要掌握相关的统计方法，只有这样，才能更快、更好地挖掘出有价值的信息。

③撰写调研报告。调研报告的撰写是整个调研活动的最后环节，它是以书面报告的形式对调研的结果进行分析、总结。调研报告应包括四个部分：调研目标、调研方法、调研过程及调研总结。具体来说，调研报告的内容应涉及网站建设的现状、存在的各种弊端及其解决方案，以及建设过程中的各种期望等，为网站的需求分析和设计提供必要的依据。此外，调研报告除了正文，还要包括调研过程中的各种原始资料，这样做的原因是原始资料中记录了大量信息，是需求分析的重要依据。

电子商务网站的需求调研往往不是一次就能完成的，常常需要分阶段进行，每个阶段的调研目标、方法和结果均不相同，因此必须制订相应的调研计划。经过对网站的调查研究后，分析人员才能进行网站需求分析。

2. 可行性分析

（1）技术可行性分析。

①网站建设技术的选择。近年来，网站建设的技术呈现出多元化的发展趋势，不仅包括 HTML 技术，还包括动态网站建设技术。最初的动态网页建设通常借助公共网关接口（Common Gateway Interface，CGI）技术，可通过 Visual Basic、Delphi 或是 C/C++ 等程序编写而成。随着科学技术的进步，CGI 技术逐渐趋于成熟，功能也越来越完善。然而，CGI 技术也存在诸多不足，如编程难度大、效率不高及修改步骤繁杂等，因此越来越多的人选择使用新技术来代替 CGI 技术。其中，PHP（Hypertext Preprocessor，超文本预处理器）、ASP（Active Server Pages，动态服务器页面）、ASP.NET、JSP（Java Server Pages，Java 服务器页面）等技术比较常见。它们在动态网页建设上各具特色。目前，ASP.NET 技术已成功代替 ASP 技术，被广泛应用于动态网页建设中。

②服务器操作系统的选择。服务器操作系统一般是指安装在网站服务器上的操作系统软件，是企业 IT 系统的基础架构平台。服务器操作系统主要分为三大流派：Windows、UNIX 和 Linux。

微软（Microsoft）公司作为世界上最大的操作系统开发商，研发了 Windows 服务器操作系统，在全球范围内被广泛使用，影响力极大。

AT&T 公司（美国电报电话公司）和 SCO 公司（圣克鲁斯运营公司）积极合作，共同研发出了 UNIX 服务器操作系统。此操作系统主要提供大型的文件系统服务、数据服务等。在很多人看来，UNIX 服务器操作系统是高层次的象征，这是因为这一系统有时只能与一些高端服务器相匹配，尤其是一些知名品牌服务商开发的高端服务器。

在 UNIX 基础上，人们研发了 Linux 服务器操作系统，其显著特点是支持多用户、多任务、多线程和多 CPU。在平台的开发与使用方面，它采取了开放源代码的政策，大大节省了用户的版权费用，推动了一批操作系统厂家的出现和发展。Linux 服务器操作系统在国内外享有盛名，成为各个保密机构优先选择的对象。

③数据库的选择。较主流的数据库技术有 Access、SQL Server、Oracle、DB2 等。其中，Access 适合小型企业，SQL Server 适合大中型企业，Oracle 和 DB2 适合大型企业。同时，在选择数据库时，也要结合网站建设技术，一般而言，两者采用的组合为 PHP+MySQL、ASP.NET/ASP+Access/MSSQL、JSP+MySQL/Oracle/MSSQL。

（2）经济可行性分析。企业网站经济可行性分析是指对企业网站建设与运行阶段的投入与产出进行评估。企业网站建设离不开人、财、物等方面的支持与配合。企业网站的成本主要包括人员、设备、材料、技术等方面的费用，而投资的主要部分包括规划、分析、设计与构建环节的费用。通常电子商务网站建设的成本除了机构开发构建成本，还有运营管理成本。

企业在进行网站建设时，除了考虑硬件、软件的投入，还要考虑域名使用、主机托管、开发等方面的相关费用。网站开发的费用只能粗略计算，但是一般来说需包含员工工资支出等项目。

（3）电子商务网站可实施性分析。电子商务网站的可实施性分析主要是从项目的社会环境、法律依据、企业管理水平、各级领导重视程度、对实施项目的技术人员的要求等方面做出分析。可实施性分析主要还是采用定性分析的方法进行。

3. 网站规划书

网站规划是网站在建设之前先要对市场进行充分的调研，明确网站设立的主要目的和功能，然后对网站建设的各个方面做出合理规划，包括技术、内容、成本、测试和维护等。网站规划一方面可以有效指导网站的建设工作，另一方面对网站内容和维护提供了方向指引。在编写网站规划书时要严格遵循科学、严谨、实事求是的原则，内容应包括网站建设的各个环节和主要方面，从而完整、系统地反映网站建设过程中各项工作的规范和要求。

4. 页面细化和实施

网页的设计制作是一个复杂而细致的过程，一定要按照"先大后小，先简单后复杂"的顺序来进行。"先大后小"是指在制作网页时，先把大的结构设计好，然后把小的部分逐渐设计出来并完善。"先简单后复杂"是指先设计出简单的内容，然后将复杂的内容设计出来并完善。这样，在出现问题时便于修改。如果有个好的网站策划和分工，那么后台程序设计可以和美工设计同时开展。

页面实施主要由网站制作者或建站公司完成。由于存在多样化的网站制作工具和技术，这就需要设计者决定使用何种网页设计的语言和工具。常见的网页设计工具有 HTML 编辑器、Dreamweaver、Flash 和 FrontPage 等。

5. 建成后的日常管理

建成后的日常管理主要由企业专门的维护人员、网站制作者或建站公司负责。动态信息的维护通常由企业安排相应人员进行在线更新管理；静态信息可由专业公司进行维护。

网站维护的主要内容有：服务器及相关软硬件的维护；内容的更新、调整；数据库维护；制定相关网站维护的规定，将网站维护制度化、规范化。

我们常发现一些网站往往聚集了大量人气，浏览量极高，这在一定程度上得益于网站高度重视内容方面的快速更新。还有一些网站则恰恰相反，几个月甚至半年才更新一次，这与网站的商业目的背道而驰。经营网站必须不断更新内容，为大众提供新颖有趣的信息，只有这样才能保持活力，实现其商业价值。

第四节　电子商务物流

如今电子商务迅速发展，世界范围内的物流产业也在不断变化更新。现代物流服务追求效益最大化，将以最小的成本满足客户的需求作为核心目标。电子商务的发展壮大以及行业需求的增加，无疑对仓储物流配送行业提出了更高的要求，一些专注于电商仓储物流的第三方公司应运而生，并且发挥着越来越关键的作用，有些甚至能够在终端和渠道端为商家提供广泛的服务。这种服务除了简单的发货，还要以商家的视角来进行仓储库存管理及物流配送，以促进电子商务活动的良好运转。

随着电子商务和物流行业的发展，两者之间逐渐形成了相互促进、相互制约、共同发展的紧密关系。电子商务的本质是商务，以商品的买卖为核心，而商品买卖的过程涉及商品所有权转移、货币支付、信息获取和应用，以及商品本身的转交，概括起来为商流、资金流、信息流、物流四个方面。对于电子商务而言，物流是保障其正常运转的关键因素。失去了现代物流的支持，电子商务将无法实现。

无论经济发展到什么程度，生产都是商品流通的根本，而生产的实现依赖于各种物流的支持。物流对生产具有重要作用，尤其是在企业成本核算、库存结构调整、资金流通等方面作用显著。合理的、现代化的物流会对企业生产起到良好的促进作用，有利于提高企业的运营效率。没有物流提供的各种便利条件，生产将无法进行，经济发展将犹如无源之水。

在商品的交易活动中，虽然买卖合同签订以后，商品的所有权发生了改变，由商家转移到了消费者，但是商品并未真正送达消费者的手中。随着电子商务的崛起，越来越多的人选择网上购物，虽然商品所有权的交付过程已经完成，但是商务活动并没有结束。只有消费者拿到商品或者享受到服务，整个电子商务过程才算真正完成。其实，物流在电子商务中扮演着商流的延续者和服务者的角色。只有依靠现代化物流支持，电子商务活动才能轻松实现。

电子商务为消费者提供了极大的便利。消费者避免了去实体商店购物的烦琐，取而代之的是足不出户在网上就可以实现轻松购物。然而，如果消费者无法及时收到商品，或者商品并非所买之物，鉴于这样不愉快的体验，他们还会继续网上购物吗？由此可见，物流在电子商务中具有重要作用，缺乏现代化的物流技术和管理，电子商务将无法践行以顾客为中心的理念，这反而给消费者带来了不便，导致他们更加倾向于选择传统的购物方式。

一、电子商务物流配送

配送是重要的物流手段，具有一定的特殊性和综合性。它加强了商流与物流的联系，涵盖了两者的全部活动内容，还将物流中的一些功能要素纳入其中。关于配送的含义，我们可以从不同角度进行分析。

从经济学资源配置的角度，对配送在社会再生产过程中的位置和配送的本质行为予以表述：配送是以现代送货形式实现资源的最终配置的经济活动。

从配送的实施形态角度表述如下：按用户订货要求，在配送中心或其他物流节点进行货物配备，并以最合理的方式送交用户。

（一）配送功能要素

1. 备货

备货既包括货源的筹集、订（购）货、集货和进货环节，又包括质量检查、结算和各种交接工作，是配送的前提和基础。因此，备货直接影响着配送的结果。如果不能有效控制备货的费用，那么配送效益也将受到严重影响。此外，基于用户需求进行集中配货，使其形成一定规模是配货的一大优势。

2. 储存

储存主要涉及两种形式：暂存和储备。暂存是在配送过程中，根据分拣配货的要求，在存货场地采取少量储存的准备措施；储备则是根据某一阶段的配送经营要求，对配送资源实行的一种保障手段。

3. 分拣及配货

不同于配送中的其他物流形式，分拣及配货直接影响着配送的结果，起着重要的支持作用。这一环节的有效实施促进了配送中服务水平的提高，在配送系统中占据关键地位，主导着整个物流配送的发展。

4. 配装

配装这一功能要素具有鲜明的现代特点，是现代配送独有的特点。它最大限度地利用了运能、运力，尤其适用于这一情况：当某一用户的配送数量不足以达到车辆的有效运载负荷时，可采用配装的方式。

5. 配送运输

配送运输具有距离短、规模小、额度高的特点，其运输工具常选择汽车。此外，为了保证配送运输的最佳效果，常将配装和路线两者搭配起来。

6. 送达服务

配送工作的结束不仅指货物配送运输至用户那里，还包括卸货的地点和方式。因此，配送的特殊性在于送达服务。

7. 配送加工

配送加工作为流通加工的重要内容具有独特性，一般基于用户的需求，其目的较为单一。

（二）物流配送的类型

1. 配送中心配送

配送中心配送的组织者是以配送为专职的配送中心，通常规模比较大，种类、储量比较多，专业性强，和用户有固定的配送关系。

2. 生产企业配送

生产企业配送的主体是从事生产制造或者加工的各个企业，有些企业还涉及多种生产。它们拥有自己的配送体系，因此无须借助配送中心来实现配送目的。

3. 仓库配送

仓库作为物流节点的重要组织，是仓库配送的主体。它可以拥有双重身份：一是配送中心，二是兼具一定的配送职能的仓储中心。

4. 商店配送

商品零售经营者、物流经营网点主要采用商店配送的方式。它们的经营模式以零售为主，虽然规模小，但是种类齐全，因此配送方面需要更加机动灵活。

（三）物流配送中心

物流配送中心是接收并处理末端客户的订货信息，对上游运来的多品种货物进行分拣，根据客户订货要求进行拣选、加工、组配等作业，并进行送货的设施和机构。

物流配送中心具有多种分类标准，类型也多种多样。这里主要以运营主体为划分依据，将物流配送中心分为四种类型。

1. 以制造商为主体的配送中心

以制造商为主体的配送中心里的产品全都是制造商自己制作完成的，其目的在于减少流通费用，优化售后服务质量。此外，还可以将配备好的元件快速地配送至加工地或者装配地。商品的生产、组装、包装、运输等各个环节均可实现自动化管理，因此管理起来比较容易，但是社会参与度较低。

2. 以批发商为主体的配送中心

在传统的商品经营体系中，批发是重要环节，它连接着制造商与消费者。一般情况下，按照一定标准，批发商将制造商生产的商品统一起来进行分门别类，按照某一类别或者组合向零售商配送。这些商品大多数是由不同制造商生产出来的，先要对其进行分类汇总，再进行销售。不管是进货环节，还是出货环节，都离不开社会配送，因此具有高度的社会化属性。

3. 以零售商为主体的配送中心

随着零售业务的不断增多、规模的不断扩大，很多零售商逐渐认识到建立自己的配送中心是十分必要的。这种配送类型服务的对象主要有专业商品零售店、超级市场、宾馆、饭店、百货商店、粮油食品商店、建材商场等。

4. 以仓储运输业为主体的配送中心

这种配送中心具有运输配送能力强、位置优越、配送效率高等优势，常设置在公路、铁路运输枢纽和港湾附近。它除了为制造商、供应商提供仓储储位，还具有仓储管理和配送运输的功能，但是它并没有获得货物的所有权。为了保证运营效果，这种配送中心往往采用较先进的现代化手段。

二、电子商务物流与供应链管理

（一）供应链管理概述

供应链是一个复杂的网络结构，结构中各个部分相互联系，通过不同的运作模式和业务活动，最终为用户提供产品或服务。供应链涉及多个要素，涵盖供应商、制造商、批发商、零售商和客户,使其成为一个有机整体。

1. 供应链管理的含义

供应链管理是一种综合性的管理方法和战略,对整个供应链系统起着计划、协调、操作、控制及优化的作用。在学术界,不同学者对供应链管理这一概念有不同看法。有的学者认为,供应链管理不单是物料流动的管理,还包括从供应商到最终用户的整个流程,是物流与信息流的集成。还有的学者认为,供应链管理是一种新型的管理策略,它把企业间的合作互动放在重要位置,强调供应链管理的目的在于提高效率。最初,人们普遍认为库存管理是供应链管理的重要内容,它在平衡企业生产能力与用户需求关系方面发挥着重要作用。此外,在协调职能的基础上,供应链管理尽可能地实现了产品运输配送费用、生产费用及库存管理费用间的平衡,由此可以选择最优的库存投资额度。由此可见,传统的供应链管理将工作重心放在了库存管理和运输工作上。而现代的供应链管理加强了企业间的协调与合作,将它们视为发展的整体,同时发挥各个企业的不同职能,相互协作,共同发展。

供应链管理与合作主要包括供应、生产计划、物流、需求四大领域。它必须借助互联网的发展,同时制定出同步化和综合化的规划,旨在指导供应、生产计划、物流、需求等方面的具体实施活动。供应链管理以提高服务水平与降低交易成本为目标,不断取得两者的协调统一,而对从供应商到用户的物料和信息采取计划、合作、控制等措施。供应链管理受到了多种因素的影响,尤其是库存、成本、信息、客户服务和合作关系方面对其有显著影响。

2. 供应链管理的程序

(1)分析市场竞争环境,识别市场机会。分析市场竞争环境必须立足于市场需求,分析市场发展的规律与特点,不断寻求企业发展的机遇。企业可以采取多种措施,常用的有以下两种方法:一是积极利用波特模型中的原理和方法,通过市场调研等手段,深入分析各个市场参与主体的特点;二是利用先进的科学技术,建立一套集市场信息采集与监控于一体的信息系统,并不断提高信息分析、处理与决策技术的投入水平。

(2)分析顾客价值。顾客价值主要是指顾客希望在产品或者服务中获得的各种效用，除了产品和服务的价值，还包括形象价值和人员价值等内容。顾客的需求推动着供应链的变化发展，而供应链管理追求的是顾客价值的不断提高。因此，营销人员必须将顾客价值放在重要位置，以此为导向设计产品或服务。

（3）确定竞争战略。竞争战略是在分析顾客价值、明确产品或服务定位的基础上制定的。相关人员认真分析了波特的竞争理论，并从中总结出企业可以从以下三种战略形式中获得竞争优势：一是成本领先战略，二是目标市场集中战略，三是差别化战略。

（4）分析本企业的核心竞争力。提高企业核心竞争力是供应链管理的重要目标之一。企业的核心竞争力来源于企业的核心业务，其在供应链中占据关键地位，因此企业必须致力于核心业务的发展，如果将其进行外包将会把企业置于危险境地。

（5）评估、选择合作伙伴。企业要建立良好的供应链，必须对合作伙伴进行评估、筛选与甄别。合作伙伴的选择对于企业的发展至关重要，好的合作伙伴一方面有利于企业加强供应链管理，另一方面有利于提高企业的市场竞争力，提高企业经济效益。因此，企业在评估、选择合作伙伴时，应具体问题具体分析，选择一种或几种方法进行。

（6）供应链企业运作。供应链企业运作的实质是以物流、服务流、信息流、资金流为媒介，实现供应链的不断增值。具体而言，就是要注重生产计划与控制、库存管理、物流管理与采购、信息技术支撑体系四个方面的优化与建设。

（7）绩效评估。在供应链绩效评估方面，供应链节点企业必须建立一套完整的评估系统，包括具体的评估指标及度量方法。其中，评估指标涉及多项内容，不仅包括产销率指标、产需率指标、平均产销绝对偏差指标，还包括产品质量指标、供应链总运营成本指标等。

（8）反馈和学习。供应链节点企业要高度重视信息的反馈和学习环节。企业只有在相互信任与学习的基础上，才能不断总结成功的经验和失败的教训。只有认真对待反馈信息，才能及时处理供应链中存在的各种问题，才能抓住市场发展的机遇。因此，建立一套完善的信息反馈体系对于企业的发展十分重要，此外，企业还要加强学习，逐步向学习型组织转变。

(二)供应链管理方法

1. 快速反应

快速反应（Quick Response，QR）是一种供应链管理方法，起源于美国纺织服装行业。它最初是为了应对品种多、批量小的市场需求特点。为此，物流企业将各种要素准备代替了具体产品的储备，当获知客户需求后，物流企业可以在第一时间选取要素，并将其组装成所需的产品或服务。

2. 有效客户反应

1992 年，美国食品杂货业逐渐研究并实施了一种供应链管理策略——有效客户反应（Efficient Consumer Response，ECR）。它涉及供应链上的多个主体，包括生产厂家、批发商和零售商等，通过各个成员间的良性互动，将以最小的成本投入、最大程度满足顾客的需求为目标。因此，有效客户反应应立足消费者的各项需求，同时寻求减少物流过程中各项费用的方法，及时反应、灵活调整，不断优化产品供应及服务过程。

3. QR 与 ECR 的比较

QR 基于客户需求的变化而迅速反应，并及时调整补货环节，是一般商品和纺织行业常用的供应链管理方法。QR 选择的主要依据是基于食品杂货业与纺织服装业产品的不同特点，前者以功能型产品为主，除了生鲜食品，其他产品的使用寿命都较长，因此订购数量的多少对企业的盈亏影响较小；而后者则以创新型产品为主，更新速度较快，使用寿命相对较短，因此订购数量的多少对企业的盈亏影响较大。

ECR 主要以食品行业为对象，其主要目标是降低供应链各环节的成本，提高效率。

（1）QR 与 ECR 的差异。

①侧重点不同。QR 侧重于缩短交货提前期，快速响应客户需求；ECR 侧重于减少和消除供应链的浪费，提高供应链运行的有效性。

②管理方法有差别。QR 主要借助信息技术实现快速补发，通过联合产品开发来缩短产品上市时间；ECR 除了新产品快速有效引入，还实行有效商品管理、有效滚动。

③适用的行业不同。QR 适用于单位价值高、季节性强、可替代性差、购买频率低的行业；ECR 适用于产品单位价值低、库存周转率高、毛利少、可替代性强、购买频率高的行业。

④改革的重点不同。QR 改革的重点是补货和订货的速度，目的是最大限度地消除缺货，并且只在有商品需求时才去采购；ECR 改革的重点是效率和成本。

（2）QR 与 ECR 的共同特征。两者均超越了企业之间的界限，通过合作追求物流效率化。具体表现在如下三个方面：

①贸易伙伴间商业信息的共享。

②商品供应方进一步涉足零售业，提供高质量的物流服务。

③企业间订货、发货业务全部通过 EDI 来进行，实现订货数据或出货数据的传送无纸化。

【实训案例】

顺丰是如何成为中国快递行业领军企业的？

顺丰于 1993 年在广东顺德创立，专送快件。2002 年，顺丰从加盟制转为直营制，定位为高端快递。2018 年，顺丰国际机场在建，顺丰开始多元化发展，致力于成为一家综合物流服务商。2020 年，顺丰国际机场基本建成。2021 年 4 月，品牌网对快递品牌进行了排名，顺丰速运排名前十。

为什么说顺丰是中国快递行业领军企业呢？

一、科技能力：无人机、全自动分拣、智慧服务、车联网等

顺丰在硬件方面，已拥有了支线大型无人机 + 末端小型无人机、第六代智能手持终端（HHT6）、便携式打印机、智能接驳柜等设备和装置；在软件方面，线路规划、业务预测、数据灯塔、智慧地图等均已实现。

二、数字化的物流综合解决方案

随着时间的推移，顺丰积累了大量为客户制定全面综合解决方案的经验。除了为客户提供配送端的优质物流服务，顺丰还拓展了业务范围，涉及生产、供给、销售和配送等领域，并采用各种先进技术全方位提升物流服务水平，尤其是在商业智能、销售预测、仓储管理、供应链金融等方面，不断满足客户的个性化需求。

三、直营制模式

顺丰采用的是直营制模式,除了外包部分业务,所有的核心资产均为自有。顺丰总部控制了自有的全部快递网络和核心资源,包括收派网点、中转场、干支线、航空枢纽等。

四、"三网"合一:天网、地网、信息网

(一)天网、地网

截至 2021 年 6 月 14 日,顺丰控股拥有 66 架自有全货机,拥有的全货机数量国内最多。顺丰控股业务拥有近 1.6 万个自营网点,国际业务覆盖数十个国家和地区,业务辐射范围非常广。

(二)信息网

顺丰自主研发了一套完整的智慧网平台,包括顺丰物流各项核心营运系统、顺丰地图平台、大数据平台、信息安全平台、智能运维管理平台等。同时,顺丰将数据挖掘、机器学习、统计分析等科技方法应用到了实际业务场景中。其中,在智慧仓方面,顺丰构建了完整的顺丰云仓信息系统,支持电子商务仓、物资仓、冷运仓、海外集运仓、微仓等多种仓储业务形态。基于多维度数据分析和人工智能的智慧分仓有助于客户体验的升级。

顺丰凭借其高质量的物流配送服务,充分利用集团在各方面的资源优势,将末端配送业务拓展至价值链前端,涵盖了生产、供应、销售、配送等领域,同时采用先进的科学技术,如大数据分析以及云计算技术,不断提升服务水平,为客户量身定制有关仓储管理、金融管理、销售预测等方面的物流解决方案。

【思考讨论】

(1)为什么说顺丰是中国快递行业领军企业呢?

(2)顺丰的业务包含哪些内容?

(3)简述顺丰的"三网"合一。

【归纳提高】

本章主要论述了电子商务运作的主要模块,涉及电子支付、网络营销、电子商务网站建设和电子商务物流。电子支付主要包括电子货币、网上银行和第三方支付;在网络营销方面介绍了主要的营销策略和方法;电子商务网站建设的重点在于整体规划和建设流程;同时,了解电子商务物流的配送和供应链至关重要。

【思考题】

(1)电子支付的种类有哪些?

(2)网络营销的常用策略包括哪些?

(3)电子商务网站建设的主要流程是什么?

(4)电子商务物流配送中心的主要类型有哪些?

参考文献

[1] 董德民. 电子商务 [M]. 北京：中国水利水电出版社，2017.

[2] 邹莉. 电子商务 [M]. 重庆：重庆大学出版社，2017

[3] 许丽霞，刘续. 电子商务 [M]. 银川：阳光出版社，2014.

[4] 杨顺勇，朱志强，刘开颜. 电子商务 [M]. 上海：复旦大学出版社，2006.

[5] 黄世祥，张吉国. 电子商务 [M]. 北京：中国农业出版社，2006.

[6] 李晓新，石鉴. 电子商务 [M]. 北京：经济科学出版社，2000.

[7] 田小东，沈毅，路雯婧. 计算机网络技术 [M]. 哈尔滨：哈尔滨工程大学出版社，2023.

[8] 宋文官. 电子商务 [M]. 北京：中国铁道出版社，2009.

[9] 董德民，孟万化，等. 电子商务 [M]. 北京：中国水利水电出版社，2008.

[10] 明小波，冉敏，刘毅. 电子商务运营基础 [M]. 重庆：重庆大学出版社，2022.

[11] 解永进，薛建强. 数字物流、电子商务发展对消费结构优化的影响研究 [J]. 商业经济研究，2024（4）：111-115.

[12] 汪晓菲. 移动互联网时代电子商务的投资风险及其影响因素分析——以微商为例 [J]. 商场现代化，2024（7）：21-23.

[13] 刘宇锦. 互联网金融与电子商务融合发展探析 [J]. 商场现代化，2024（7）：39-41.

[14] 张晓婉. 电子商务对乡村经济发展的促进作用研究 [J]. 商场现代化，2024（8）：37-39.

[15] 宋月月. 电子商务对消费者需求的影响与企业营销策略 [J]. 商场现代化，2024（8）：55-57.

[16] 全春光，方子玲，吴堪，等. 新发展格局下农产品流通系统构建思考 [J]. 物流技术，2024，43（2）：1-8.

[17] 麦炜健. "互联网+"时代下电子商务物流服务创新探究[J]. 投资与创业, 2024, 35(4): 176-178.

[18] 魏锦. 电子商务平台新媒体联动管理维度探索[J]. 中国报业, 2024(4): 140-141.

[19] 刘迎芝. 企业电子商务税收征管研究[J]. 环渤海经济瞭望, 2024(2): 64-67.

[20] 陈传红, 许明华. 电子商务领域促销信息过载问题研究综述[J]. 科技创业月刊, 2024, 37(2): 155-160.

[21] 吕淙淙. 山东邮政农村电子商务发展问题及影响因素研究[D]. 哈尔滨: 东北农业大学, 2023.

[22] 余钖. 东盟电子商务水平对中国——东盟双边贸易的影响研究[D]. 昆明: 云南财经大学, 2023.

[23] 刘敏. 电子商务中消费者个人信息保护法律问题研究[D]. 大连: 大连海洋大学, 2023.

[24] 王鑫. 推广农村电子商务的说服策略研究——以A省D县电商扶贫为例[D]. 南京: 南京财经大学, 2023.

[25] 胡贵勋. 临沂市农村电子商务发展水平测度及其影响因素研究[D]. 昆明: 云南师范大学, 2023.

[26] 姚增辉. 跨境电子商务供应链需求信息共享机制研究[D]. 哈尔滨: 哈尔滨商业大学, 2023.

[27] 刘昭. 吉林省农产品电子商务发展水平及影响因素分析[D]. 长春: 吉林农业大学, 2023.

[28] 涂媱. 跨境电子商务综合试验区对我国进出口的影响研究[D]. 沈阳: 辽宁大学, 2023.

[29] 邹怡然. 跨境电子商务对辽宁省进出口贸易的影响——兼与浙江省的比较[D]. 沈阳: 辽宁大学, 2023.

[30] 董航. 中国农村电子商务在农产品营销领域的应用研究[D]. 长春: 吉林大学, 2022.